AF370534

Guillén de Castro

El conde Alarcos

Barcelona **2024**
Linkgua-ediciones.com

Créditos

Título original: El conde Alarcos.

© 2024, Red ediciones S.L.

e-mail: info@linkgua.com

Diseño de cubierta: Michel Mallard.

ISBN tapa dura: 978-84-1126-159-3.
ISBN rústica: 978-84-9816-249-3.
ISBN ebook: 978-84-9897-206-1.

Sumario

Brevísima presentación

La vida

Guillén de Castro (Valencia, 1569-Madrid, 1631). España.

Fue capitán de caballería, gobernador de Scigliano en Nápoles y en Madrid secretario del marqués de Peñafiel. Muy cercano a Lope de Vega, formó parte de la Academia de los nocturnos, la única academia que publicó en actas los poemas discutidos durante sus reuniones semanales y que radicó en Valencia entre 1591 y 1593. Murió en la pobreza y un tanto olvidado.

La trama de *El conde Alarcos* tiene su origen en un romance anónimo. Existen numerosas versiones de la obra y entre ellas destacan las de Lope de Vega, Mira de Amescua y José Jacinto Milanés. Lope tituló su obra *La fuerza lastimosa*, y situó la acción en Irlanda dando a su conde otro apellido. Mira de Amescua sitúa el argumento en la corte francesa. Y Milanés escoge el siglo XII para su versión de la obra.

Personajes

Algunos villanos
Carlos, hijo del conde
Criados del rey
El conde Alarcos
El duque
El marqués
El príncipe de Hungría
El rey
Elena, hija del Conde
Fabricio, criado
Gente que acompaña al rey
Hortensio, criado
La infanta
Marcelo
Margarita
Un capitán
Un mayordomo
Un paje

Jornada primera

(Salen el conde y Margarita.)

Conde   Vuelve a mi cuello esos lazos,
del alma alegres despojos.

Margarita   Para verte y darte abrazos,
quisiera infinitos ojos
y más que infinitos brazos.
   ¡Mi conde!

Conde   ¡Mi Margarita!

Margarita   ¿Cómo lo pasaste allá?

Conde   Con pena más que infinita,
mas, si muere el que se va,
el que vuelve resucita.
   Y tú, mi alegría, aquí
muerta estarías también.
¿Cómo estuviste?

Margarita   ¡Ay de mí!
Para responderte bien
basta decir que sin ti,
y sin mí, pues quedé tal…

Conde   ¿Fue cierto aquel accidente?

Margarita   Y hubiera de ser mortal.

Conde   Di que crece el bien presente
referir, pasado, el mal.

Margarita   Cuando, a mi pesar, partiste
                    por general a esta guerra,
                    llorando tus desengaños,
                    di crédito a mis sospechas,
                    porque, entre muchas señales
                    tan penosas como ciertas,
                    vi crecerme la barriga
                    casi al compás de la pena.
                    Por tener con estas sobras,
                    señor, mis faltas secretas,
                    ¡qué hice de fingimientos,
                    qué compuse de cautelas!
                    Así pasé nueve meses,
                    pero al cabo de ellos llegan
                    los dolores con la noche,
                    que nunca la vi más negra.
                    Vime —¡ay triste!— en mi aposento,
                    con sola mi camarera,
                    que con lágrimas no más
                    acompañaba a mis quejas,
                    y éstas, mi bien, no salían
                    del pecho sino por señas,
                    porque en llegando a la boca
                    yo les cerraba la puerta.
                    De una sábana mordía
                    con el miedo, y así eran,
                    aumentando la congoja,
                    sordo el llanto y mudas ellas,
                    aunque no lo fueron tanto
                    que, con la pasión inmensa,
                    no saliese algún gemido.
                    Oyéronle mis doncellas,
                    dieron aviso a la infanta;

vino a verme, y yo, por fuerza,
descubríle mi secreto,
dile parte de mi pena.

Conde

¿A la infanta?

Margarita

   Sí, a la Infanta.
Y me esforzaba ella mesma
con las manos, con los brazos,
con los ojos, con la lengua.
Con su ayuda y la del cielo
tomé aliento, tomé fuerzas,
defendiéndome la vida
el no cansarme de hacerlas.
Nació así el más bello infante
que formó naturaleza,
al punto que el Sol nacía
alumbrando cielo y tierra,
que, según tardó, imagino
que esperaba a que naciera,
porque le imitara en esto
quien le imita en la belleza.
La infanta se le llevó
y yo quedé casi muerta.
Dice que a criar le ha dado
porque la vida le deba.

Conde

¿Ella le tiene?

Margarita

   Y le ampara.
Ruego al cielo que parezca
a su padre en el valor
y a su madre en la firmeza.

La color tienes turbada,
di la causa, conde amigo,
Dime ¿qué tienes?

Conde

No es nada.

Margarita

Pues, ¿tú, secretos conmigo?

Conde

¿Y tú conmigo enojada?
Óyeme.

Margarita

Tengo razón.

Conde

Yo te diré la ocasión,
porque de ello no te ofendas.
La infanta adora mis prendas
quizá porque tuyas son;
y así, Margarita hermosa,
su rigor vengo a temer,
que la invidia es poderosa,
y más en una mujer
aborrecida y celosa.

Margarita

Con causa afligido estás,
mas tú la culpa has tenido
de la pena que me das;
bien dicen que el ofendido
ignora estas cosas. Mas
¿cómo has callado, señor,
y tanto?

Conde

El darte martelos,
fuera ofender tu valor,
que el que enamora con celos

sin duda le falta amor.
   Y el que descubrir pretende
los amores de otra dama,
a la que su pecho enciende,
en el gusto y en la fama
la una enfada y la otra ofende
   y con las dos desmerece.

Margarita	¿Cómo la infanta al de Hungría
entretiene y favorece?

Conde	Pienso que en mi amor se enfría
y a sus quejas se enternece.

Margarita	 Parece que te ha pesado.
Las colores te han salido
que antes se habían entrado.

Conde	Tu imaginación ha sido,
que hace efeto en tu cuidado.
   Mas, pues he llegado a verte,
serás, mi esposa, señora;
esta mano he de ofrecerte,
que, a no venir vencedora,
no pudiera merecerte.
   ¿Perderás así el recelo
de lo que aquí imaginaste?

Margarita	Darásle al alma consuelo
mas la infanta viene.

Conde	Baste.

Margarita	Voyme, adiós.

Conde   Guárdete el cielo.

Margarita   ¿Mostraráste agradecido
                          si lo que hizo por mí
                          te dijere?

Conde   Harélo así.

Infanta   Seas, Conde, bien venido.

Conde   Pues vengo a servirte a ti.

(Arrodíllase el conde.)

Infanta   Levántate.

Conde   Si tu alteza
                          me da las manos primero.

Infanta   Cubre, conde, la cabeza,
                          y cubre el pecho de acero, y
                          escúchame.

Conde (Aparte.)   (Mal empieza.
                           . Si es que matarme pretenden,
                          podréme así prevenir.)

(Levántase el conde.)

Infanta   No me podrás resistir,
                          si mis razones te ofenden,
                          las que te quiero decir,
                           y en ellas podrás mirar

si son limpias y sencillas,
pues aunque vengo a pensar
que te ofenderá el oíllas,
no te las puedo callar.
    ¿Por qué con tanta crueldad
menosprecias de este modo
mi alteza, mi calidad,
mi reino y mi voluntad,
que te obliga más que todo?

Conde   ¿Cómo preguntas por qué,
pues tú lo sabes mejor?

Infanta   Bien dices que yo lo sé.

Conde   A quien debo fe y honor,
pago con honor y fe.

Infanta   Muy empeñado estarás,
si debes a Margarita
o el honor que tú le das
o el honor que ella te quita,
que yo sé, Conde, que es más.
    ¿Qué te suspende y altera?
¿Cómo engañado has vivido
dejando...

Conde (Aparte.)   (¡Ah, cruel, ah, fiera!)

Infanta   ...por un gusto repartido
una voluntad entera?

Conde (Aparte.)   (¡Oh lengua infame y maldita!)
¿No sabes que Margarita

entera en mi pecho está?
¿Quien toda el alma me da
dices que el amor me quita?
    Ese lenguaje importuno
deja, senora, por Dios,
aunque para mí es ninguno.

Infanta   La mujer que quiere a dos
¿no es cierto que ofende al uno?

Conde   A mí solo me ha querido.
¿Dónde tus intentos van?

Infanta   Bien engañarte ha sabido.
Quiérete a ti por marido,
y al de Hungría por galán.

Conde (Aparte.)   (¡Oh, terrible confusión!
Ésta me miente, no hay duda,
con la celosa pasión.)

Infanta (Aparte.)   (De mil colores se muda.)

Conde   ¿No sabes que primos son
    Margarita y el de Hungría?
Del pensamiento desvía
esa sospecha importuna.

Infanta   Conde, la sangre que es una,
unos pensamientos cría,
    y éstos la juntan mejor,
para que el mundo engañado,
como es tan uno el color,
no advierta que se ha mezclado.

Conde (Aparte.)   (¡Ay, mal nacido temor!)
                      ¿Que no me quieres dejar?
                   ¿Quiérete el príncipe a ti
                   y dasme a mí ese pesar?

Infanta   ¡Qué bien te supo engañar!

Conde   ¿Luego esto es engaño?

Infanta   Sí,
                      y de esa misma razón
                   verás que pende tu daño,
                   pues en cualquiera ocasión,
                   a la sombra de ese engaño
                   disimula su traición,
                      y a decirte habrá probado
                   que el niño que ella parió
                   y que yo al príncipe he dado,
                   era tuyo.

Conde   Sí, ¿pues no?
                   ¿Qué dices?

Infanta   Que te ha engañado.

Conde   ¿No es el niño prenda mía?

Infanta   ¿Tuya? Del príncipe es,
                   que hereda el reino de Hungría,
                   cuando es la traición con pies,
                   alcanza cuanto porfía.
                      Y que me le ha dado, es cierto,
                   para que a él se le diese;

y, diciendo que era muerto,
para contigo estuviese
este secreto encubierto.
    Mira si, de ella ofendido,
es justo que a mí me trates
con desdén y con olvido.

Conde

Fuertes son estos combates,
pero a mí no me han vencido.
    Que no es mi pena tan loca
que turbe así mis sentidos,
y este fuego que me toca
llega helado a mis oídos,
aunque está ardiendo en tu boca.

Infanta

    A mal parecer se arrima
tu opinión, no hay bien que espere.

(Aparte.)   (Su valor me desanima.)

Conde

Quien no confía no estima,
y quien no estima no quiere.
    Yo, que en Margarita bella,
estimo tanto el valor,
la fineza de mi amor
pruebo en confiarme de ella.

Infanta (Aparte.)

(Esfuércese mi rigor,
  crezca el llanto, atice el fuego,
que a tan gran desdicha llego.)
Son tus sinrazones muchas,
mas, Conde, pues sordo escuchas,
yo he de ver si miras ciego.

Conde

¿Cómo así?

Infanta	Haciéndote ver lo que creerme no quieres.

Conde (Aparte.)	Entonces podría ser. (¿Quién fiará de mujeres, si Margarita es mujer?)

Infanta	Donde la sueles hablar esta noche has de venir; pero has de ver y callar.

Conde	Mejor dijeras morir donde me acabe el pesar.

Infanta	Pero en viendo el torpe efeto, has de hacer por mí una cosa.

Conde	Cuantas pidas te prometo.

Infanta	Recibirme por esposa.

Conde	Yo lo ofrezco.

Infanta	Yo lo aceto.

(Vase entrando el conde poco a poco por la una puerta, y van saliendo el príncipe de Hungría y Margarita por la otra. Hablan aparte el príncipe y Margarita y la infanta con el conde.)

Conde	Yo me voy.

Príncipe	Yo, prima mía, temblando de miedo vengo.

Margarita   Llega sin él y porfía.

Príncipe   Yo le perderé, pues tengo
          una estrella que me guía.

Infanta (Aparte.) (La ocasión viene extremada
          para acreditar mi engaño.)
          Comience tu desengaño.
          Tal viene que, de turbada,
          no te ha visto.

Margarita   Estás extraño.

Infanta   Si te ve, no habrá lugar
          de desengañarte más.
          Vete, conde. ¿Cuál te vas?

Margarita   Agora puedes llegar.

Príncipe   Si eso en mi favor se ordena,
          no será mi suerte poca.

(Da muestras de gran sentimiento el conde.)

Infanta (Aparte.) (¡Con qué rabiase provoca!
          Por señas dice la pena
          que le ha cerrado la boca.)

Príncipe   ¿Con qué pagarte podré
          lo que debo al bien que gano?

(Al entrarse el conde cáesele el sombrero y dale con el pie.)

Infanta (Aparte.)   (Loco va; el sombrero fue
    que le cayó de la mano
    y le arroja con el pie.)

(A la infanta.)

Príncipe   Todo el cielo vengo a ver
    en este rostro divino;
    mas temo, porque imagino
    que te enojo.

Infanta   ¿Ha de temer
    quien tiene tan buen padrino?

Margarita   ¿A quién habrá que no asombre
    la merced que me concedes?

Infanta   Todo conmigo lo puedes.

Margarita   Señora, y ¿podré en tu nombre
    dar premios?

Infanta   Y hacer mercedes.

Príncipe   Pues de ellas vendré a tener
    esperanza.

Margarita   Mucho puedo,

Infanta   Porque te las pueda hacer,
    quiero irme y le concedo
    un absoluto poder.

Príncipe   Mira que seguro estoy

que se apasiona por mí.

Infanta   Y aun por eso se lo doy.
                   Oye, Margarita.

Margarita   Di.

(Háblanse al oído la infanta y Margarita.)

Infanta   Escucha.

Príncipe (Aparte.)   (Dichoso soy.
                   ¡Cielo divino! ¿Qué advierto?
                   Es tan grande, es tan sobrada
                   la gloria en que me divierto,
                   que me parece soñada.
                   ¿Si duermo? ¿Si estoy despierto?)

Infanta   Adiós, príncipe.

Príncipe   Él te guarde.

Margarita   Agora ya no estarás,
                   como otras veces, cobarde.

Príncipe   Di.

Margarita   ¿Tardo?

Príncipe   No esperes más,
                   que no hay gloria que no tarde.

Margarita   A premiar tu amor y fe
                   la infanta su gusto allana.

Haz una seña y saldré
esta noche a la ventana
donde otras veces te hablé,
  y en sabiendo que está abierta,
por la puerta del jardín
entrarás.

Príncipe   Si se concierta
esto así, dichoso fin
das a mi esperanza muerta.
  A ti te debo esta palma,
prima del alma querida,
a ti te debo la vida
y a ti te consagro el alma.

Margarita   Ya mí me tienes corrida.

Príncipe   Dame los pies, que me toca
estarlos siempre adorando.

Margarita   Es mucha merced.

Príncipe   Es poca,
pues lo que fueres pisando
he de barrer con la boca.

(Vanse. Sale el conde.)

Conde   Ya llego, enemiga suerte,
a entrar en cuentas contigo,
mas ¿con qué pasos te sigo
cuando espero el de la muerte?
  ¿Que es posible persuadirme
esta pena que me incita?

¿Que es mala mi Margarita,
y con ser piedra no es firme?
  Mas de un miedo tan cobarde
me resisto y me acompaño,
que espero mi propio daño
y me pesa de que tarde,
  como el que en el campo aguarda
al contrario en quien se venga,
que desea que no venga
y le parece que tarda;
  como el que en naufragios tales
el miedo y congoja aumenta,
esperando la tormenta
de que ha tenido señales;
  como el que sobre un tablado,
para fin de sus enojos,
con una venda en los ojos
espera el cuchillo airado;
  y al fin, por decir mejor,
como yo mesmo diré,
que hago prueba de una fe
con sospecha y con amor.

(Sale el príncipe.)

Príncipe   Noche más bella que el día,
cielo hermoso, luces bellas,
¿quién, entre tantas estrellas,
pudiera adorar la mía
  pues acaba tantos males
logrando solo un deseo?

(Hace una seña el príncipe.)

Conde   Ya de mis desdichas veo
                         de más cerca las señales.

(Sale Margarita a la ventana.)

Margarita   Mi príncipe.

Príncipe   Mi señora.

Margarita   La puerta he dejado abierta.

Príncipe   Dichoso yo.

Margarita   Ve a la puerta;
                         ya te espera quien te adora.

(Éntrase Margarita y el príncipe se va.)

Conde   ¡Ojos que la causa vistes
                         de la pena a quien resisto!
                         ¿Es verdad lo que habéis visto?
                         ¡Ojos ciegos, ojos tristes!
                           Cielo, decídmelo vos,
                         si es verdad o son antojos,
                         y, pues tenéis tantos ojos,
                         mirad si se engañan dos.
                           Si es esto verdad o engaño,
                         con todos ellos mirad;
                         pero sin duda es verdad,
                         pues ha de ser en mi daño.
                           ¿Que me supiese engañar
                         Margarita pudo ser?
                         ¡Ah, voluntad de mujer,
                         ligera espuma en el mar,

torre con falso cimiento
que la pierde quien la hace,
nube que al Sol se deshace,
humo que se esparce al viento;
  anuncio cierto del mal,
voz de engañosa sirena,
agua echada sobre arena,
que apenas deja señal,
  luz que haciendo mejor cara
muestra que morir se quiere,
fuego que atizado muere,
piedra que en su centro para,
  al Sol derretida nieve,
aire en redes recogido,
villano amigo corrido
que no os habla porque os debe,
  rayo que abrasando pasa;
rigor, engaño, traición,
laberinto, confusión
de esta Troya que se abrasa!

(Sale la infanta a una ventana y Margarita a otra, y vuelve a salir el príncipe por donde entró.)

Infanta (Aparte.)   (Voces oigo. Mi traición
ha hecho esta vez su efeto.)
Ce, conde. Si eres discreto,
muéstralo en esta ocasión.

Margarita (Aparte.)   (¿No es el Conde? ¿Qué recelo?)

Príncipe (Aparte.)   (¿Qué puede haber sucedido?)

Conde (Aparte.)   (A la ventana han salido.)

Margarita (Aparte.)   (El conde es, sin duda, ¡ay, cielo!)

Infanta   Tu paciencia es bien que pruebes,
                cuando yo a servirte pruebo.

Conde   Ya sé que el honor te debo.

Infanta   Y una palabra me debes.
                De cumplirla luego trata.

Margarita (Aparte.)   (¿Qué escucho?)

Príncipe (Aparte.)   (¿Qué vengo a ver?)

Infanta   ¿Qué dudas?

Conde   Rey quiero ser,
                pues Margarita es ingrata.

Príncipe (Aparte.)   (De penas soy un abismo.)

Margarita (Aparte.)   (Infelice y triste estrella.

Conde   Por tomar venganza de ella
                la tomaré de mí mismo.
                De ser tu esposo te doy
                palabra.

Infanta   Y de ser tu esposa
                la recibo.

Príncipe (Aparte.)   (¡Extraña cosa!)

Margarita (Aparte.)   (¿Que tan desdichada soy
                        que a morir rabiando vengo?)

Príncipe (Aparte.)   (¿Que tan mal se corresponde
                        a una amistad?)

Infanta   Adiós, Conde,
                        honrados testigos tengo,
                         y no me podrás negar
                        la palabra que me has dado.

Conde   Ve, señora, sin cuidado,
                        que yo te la vuelvo a dar.

(Éntrase la infanta.)

Príncipe   Quitaréte yo el vivir,
                        para que, conde atrevido,
                        ya que dársela has podido,
                        no se la puedas cumplir.

Margarita   Teneos, ¿qué daño se ordena?
(Aparte.)   (Procurarélo estorbar,
                        si acaso puedo llegar
                        sin que me acabe la pena.)

(Éntrase Margarita.)

Conde   ¿A eso te obligas?

Príncipe   Sí obligo.
                        Quitarte la vida quiero,
                        pero confiesa primero
                        que mueres por falso amigo.

Conde

Tengo yo muy duro el pecho
y no le podrás pasar,
y no es razón confesar
los pecados que tú has hecho.

Príncipe

Pues ¿yo, falso amigo?

Conde

Sí.

Príncipe

No ofendas mi trato noble.

Conde

Mejor le dijeras doble,
pues lo ha sido para mí.
 Tu fingido sentimiento,
aunque me ofenda, me agrada.

Príncipe

No te matará mi espada,
pues no te ha muerto mi aliento,
 que puro veneno arroja.

Conde

Iguales armas tenemos.

(Sale Margarita y pónese en medio.)

Margarita

¡Qué rigurosos extremos
de desdicha y de congoja!
 ¡Príncipe, Conde!

Conde

 ¡Ah, traidora,
que tú la culpa tuviste!

Margarita

Volved a mi pecho triste
esas espadas.

Príncipe   Señora...
                     Apártate, prima.

Margarita   Primo.

Príncipe   Seré su justo homicida.

Margarita   No ha de perderse una vida
                     a quien con el alma estimo.

Conde   Oh, falsa, Dios te destruya!

Margarita   ¿Yo soy falsa?

Conde   ¡Infame eres!

Margarita   Seré lo que tú quisieres
                     por no dejar de ser tuya.
                       Señores, tanto rigor...
                     Acordaos que soy mujer.

Príncipe   Yo le tengo por volver
                     por mi gusto y por mi honor;
                       pero justa cosa es
                     obedecerte, señora.

Conde   Yo pienso escucharte agora
                     para dejarte después.

Príncipe   Prima, ¿tú no me dijiste
                     cómo eras del conde ya?
                     ¿La palabra, donde está,
                     que te ha dado y que le diste?

Conde

Si ese secreto escondía
tu pecho, ¿no me ha ofendido,
pues que por tuya ha tenido
una prenda que era mía?

Príncipe

¿Qué prenda?

Margarita

Duros enojos.

Conde

¡Esta enemiga, esta ingrata!

Príncipe

Con mejor término trata.

Conde

Pues lo que han visto mis ojos
¿me niega vuestra porfía?
Tú ¿no le dijiste agora:
«Ya te espera quien te adora?».

Margarita (Aparte.)

(Por la infanta lo diría.)
Conde, mi pena cruel
ha de hallar el mundo estrecho,
pues estando tú en mi pecho
¿te fías tan poco de él?

Príncipe

Si te ha dado esa sospecha,
conde, algún pecho villano...

Margarita

Ya yo conozco la mano
que ha despedido esta flecha,
pero en más secreta parte
quiero que oigáis mi razón.
Daréte satisfacción.

Príncipe   Y yo también quiero darte
                    la que de mi honrado pecho
                  saldrá ardiendo por ser tuya.

Conde   La menor lágrima suya
                  me dejará satisfecho.

(Vanse todos y sale el rey y un capitán y gente de acompañamiento.)

Rey   Muy bien el Conde ha probado

Capitán   Sus hechos te lo dirán.
                  Es famoso capitán.

Rey   Es, capitán, gran soldado.
                    Cuéntame algunas hazañas
                  de las suyas.

Capitán   Son famosas,
                  mas parecen milagrosas.
                  Escucha las más extrañas...
                    Mas la infanta, mi señora,
                  viene ya.

Rey   Déjalo, pues.
                  Vete en paz.

Capitán   Beso tus pies.

(Vase el capitán Sale la infanta.)

Infanta   Dame las manos.

Rey   ¿Es hora

                    de veros, hija?

Infanta   Señor,
              siempre en servirte me empleo.

Rey   ¿Nacieron de mi deseo
              los efetos de tu amor,
                hija?

Infanta   Señor...

Rey   Dime padre.

Infanta   Dulce nombre para mí.

Rey   0 hijo, pues tengo en ti
              una hija y una madre,
                y soy, cuando el cuello ciño,
              que es mi arrimo y es mi espejo,
              hijo tierno, padre viejo,
              porque de viejo soy niño.
                Viéndome, pues, de este modo,
              temo —iah, miserias humanas!—
              que en la nieve de estas canas
              no se hiele el cuerpo todo.
                Respecto de esto, hija mía,
              y de mi reino heredera,
              casarte...

Infanta (Aparte.)   (iAy, triste!)

Rey   ...quisiera
              con quien hereda el de Hungría.
                Éste por esposo ten,

que será más conveniente,
demás de que es tu pariente
y sé que te quiere bien,
  y ha meses que me importuna,
digo mal, que honrar nos quiere
a los dos.

Infanta (Aparte.)   (¿Qué habrá que espere
de mi contraria fortuna?)

Rey   ¿No respondes?

Infanta   Señor...

Rey   ¿Es
que te has turbado?

(Salen el príncipe y el conde.)

Príncipe   Ya es hora
de hablarle, ven.

Rey   Calla agora,
responderásme después.

Conde   ¿Tal maldad pudo caber
en pecho noble?

Príncipe   Es ingrato,
pero, aun viendo su mal trato,
no la puedo aborrecer,
  aunque muy con otro intento
la quiero. Déme la mano,

(Llegando al rey.)

vuestra majestad.

Conde (Aparte.)   (¡Cuán vano
saldrá tu mal pensamiento!)

Rey   Démela a mí vuestra alteza.

Conde   Yo espero que me la dé,

(Arrodíllase el conde.)

tu majestad.

Rey   Ponte en pie,
conde, y cubre la cabeza.

Conde   Como tu vasallo soy,
te la pido arrodillado.

Rey   A quien es tan gran soldado
los brazos también le doy.

(Levántase el conde.)

Infanta (Aparte.)   (No poca sospecha tengo
de aquésto, y tengo razón.)

Rey   Pues, príncipe, ¿qué ocasión
os trae?

Príncipe   A servirte vengo,
y después a ver si gustas

de un casamiento que trato.

Rey   ¿Casamiento?

Infanta (Aparte.)   (¡Ay, Conde, ingrato
a mis lágrimas injustas!)

Rey   ¿De quién?

Príncipe   Del conde y mi prima
Margarita.

Rey   Es muy hermosa,
muy discreta.

Infanta   Y muy dichosa,
que es más.

Rey   Con razón la estima
el conde, y pues la merece,
y es su gusto, yo le tengo
de dársela.

Conde   Y yo prevengo,
para el bien que se me ofrece,
el pecho, aunque viene a ser
para tanta gloria estrecho.

Rey   Quien tiene tan grande pecho,
toda la habrá menester.

Conde   Pero después de besarte
los pies, por merced tan alta,
para recebirla falta

lo que quiero suplicarte,
y es que no haya dilación,
y que me la otorgues luego.

Rey

Sea ansí.

Infanta (Aparte.)

(Mi propio fuego
abrase tu corazón.)

Rey

Vaya la infanta, que es justo...

Infanta (Aparte.)

(¿Qué haré, cielos soberanos?

Rey

...que ella la ponga en sus manos,
después de saber su gusto.
Ve, hija.

Infanta (Aparte.)

(¡Qué penas paso!)

Conde (Aparte.)

(Contento infinito tengo.)

Príncipe (Aparte.)

(De esta manera me vengo.)

Infanta (Aparte.)

(En esta pena me abraso.)

(Vase la infanta.)

Rey

Con muchas fiestas quisiera
que sus bodas celebrara
el Conde.

Conde

Mucho estimara
la merced que se me hiciera.
Aunque yo, por escusarlas,

para decirte verdad,
supliqué a tu majestad
que escusara el dilatarlas.

Rey

Pues con tu gusto convengo,
gózale, conde, que es justo.

Conde

Por esperar otro gusto
pusiera en duda el que tengo.

Rey

¿Cómo así?

Conde

La dilación
quizá me hubiera acabado.

Príncipe

Habla como enamorado
el conde.

Rey

Y tiene razón.

(Salen la infanta y Margarita hablando aparte, y Margarita muy turbada.)

Infanta

¿Que así me pierde el decoro
tu falso pecho traidor?

Margarita

¿Quieres que pierda el honor
y que deje a quien adoro?
Mira, señora...

Infanta

Has de ver...

Margarita

...con cuánta razón me aflijo.

Infanta

...muerto en tus manos tu hijo,

a quien tengo en mi poder,
en llegando a ser esposa
de quien el alma me tiene.

(A ellos.)

Aquí Margarita viene,
aunque viene algo dudosa.

Príncipe   ¿Duda tiene?

Rey   ¿Y en qué duda?

Conde   ¿Qué habrá sido la ocasión?

Margarita (Aparte.)   (Las ansias del corazón
me tienen la lengua muda.)

Rey   ¿Sabes del conde el valor
y las prendas?

Margarita (Aparte.)   (¿Qué haré?)

Príncipe   ¿No respondes?

Margarita (Aparte.)   (También sé
de mi desdicha el rigor.)

Rey   No te turbes.

Margarita (Aparte.)   (Suerte avara.)

Conde (Aparte.)   (Cielo, el alma se me parte.)

Rey (Aparte.)   Hija, pregúntale
                       qué duda o en qué repara.

Infanta   Voy... Margarita...

Margarita (Aparte.)   (¡Ay de mí!)

Príncipe (Aparte.)   (Mal conoce lo que gana.)

(Hablan las dos aparte.)

Infanta   Muerto le verás, villana,
                       si pueden sacarte un sí.

Margarita   Infanta, señora, escucha.
                       ¿Y que serás tan cruel?

Infanta   Y aun haré que comas de él.

Margarita   Mucha es tu inclemencia.

Infanta   Mucha.

(A ellos.)

                       No se quiere declarar.

Conde   Pues de la empresa desisto,
                       que ya en sus dudas he visto
                       que tiene por qué dudar.

Margarita (Aparte.)   (¡Ay, cielo, su gusto haré,
                       y el cielo me dé paciencia
                       si mata al niño!)

Conde   Licencia
vuestra majestad me dé...

Rey   Con razón te has ofendido.

Príncipe   Y mucha. Presto se muda
una mujer.

Margarita   Esta duda
de alguna causa ha nacido;
  mas aunque en mi fe has dudado,
yo te doy mano de esposa.

Conde   Y yo de esposo.

Príncipe   Dichosa
duda, que en esto ha parado.

Rey   Logrado habéis mi deseo.
A los dos quiero abrazar.

Conde   Las manos nos puedes dar.

Infanta (Aparte.)   (¿Que esto he visto y que esto veo?
  ¿Que al fin se han dado las manos?
Pues ofendida, y mujer,
grima del mundo he de ser,
y asombro de los humanos.)

Conde   Y vuestra alteza me dé
las manos.

Margarita   Y a mí los pies.

Infanta (Aparte.)   Tomad los brazos. (Después
                       yo sé, infames, qué os daré.)

Margarita (Aparte.)   (¡Ah, cruel!)

Conde   Muestras con eso
                       lo que nos quieres honrar.

Infanta (Aparte.)   (¡Ojalá fueran de mar
                       que no os soltaran tan presto!)

Margarita   Tú, príncipe...

Príncipe   Prima mía,
                       Conde...

Conde   No huyas las manos.

Infanta (Aparte.)   (De vuestra sangre, villanos,
                       pienso hacer una sangría.
                         Por vengar el fraude y dolo
                       de que los tres sois testigos,
                       sangre de tres enemigos
                       he de sacar de uno solo.)

(Salen el mayordomo del rey y otros criados, y al uno de ellos habla la infanta aparte, y sacan una mesa.)

                       Oye.

Mayordomo   Mudad esa mesa
                       de donde está a ese lugar.

Margarita (Aparte.)   (No se puede sosegar
mi pecho.)

Criado (Aparte.)   (¡Terrible empresa!)

Infanta   Si de hacerlo me prometes,
haré cuanto te prometas.

Mayordomo   Poned cinco servilletas,
tres sillas, dos taburetes.

Infanta   Ve volando.

Criado (Aparte.)   (Extraños tratos
de mujer.)

Infanta (Aparte.)   (Rabioso fuego.)

Mayordomo   Venga la comida luego.
Y... pajes, no falten platos.

Rey   Lo que digo ha de ser hoy.

Conde   Por ser tu gusto lo apruebo.

Rey   Veréis que sé lo que os debo
si miráis a lo que os doy.
A mi mesa y a mi lado
habéis de comer, que es justo.

Infanta   Y el principio de más gusto
le tengo yo aparejado.

Conde   En todo tu gusto es ley.

Príncipe   Lo que mereces te ofrece,
                    que honra de reyes merece
                    un vasallo de tal rey.

Conde   Hoy este oficio he de hacer,
                    pues tú me quieres honrar.

Rey   Sí, que bien puedes lavar
                    manos que te han de valer.

Conde   Por esa merced las beso.
                    También te suplico a ti
                    que me honres en esto.

Infanta   Así
                    no quiero emplearte, en eso.

Conde   Esta merced me has de hacer.

Infanta   No pienso lavarme hoy.

Conde   ¿Porque yo el agua te doy?

Infanta   ¿Sabes que la he menester?

Conde   Ya vi que en cosas tan graves
                    emplearme no querrías.

Infanta   ¿En que me lave porfías?
                    ¿Alguna mancha me sabes?

Príncipe (Aparte.) (¡Oh falso pecho traidor!)

Infanta   Yo misma, que a saber vengo
              adónde la mancha tengo,
              sabré lavalla mejor.

Conde   No te quiero porfiar.

Infanta   Pero, por pagarte, sabe
              que el agua con que se lave,
              a tu esposa quiero dar,
                y quedarásme obligado.

Margarita   Correr me quieres.

Infanta   ¿Por qué?
              Las manos te lavaré
              por la mano que te ha dado.

Conde   Más corrido quedo yo,
              pues ha venido a mostrarse
              que habrá menester lavarse
              quien la mano me tocó.

Infanta   Si esto es correrte, por ti
              también corrida he quedado,
              pues de lo que ella ha tocado
              me queda la mancha a mí,
                y así, pues en mí quedó,
              del tocarte ella también,
              como ella se lave bien
              quedaré sin mancha yo.
                Una agua le quiero dar
              que es más limpia, y no tan clara,
              colada por alquitara.

Príncipe (Aparte.)   (Esto se puede esperar.)

Infanta   No es de rosa ni de flor,
                       aunque flor y fruto ha sido,
                       y el fuego en que se ha cocido,
                       cuando menos, es de amor.
                          Será de color de grana,
                       y de polvo que es más fina.

Conde (Aparte.)   (¿Esta falsa, qué imagina?)

Margarita (Aparte.)   (¿Qué pretende esta villana?)

Infanta   Ya viene.

Margarita   Tu esclava soy,
                       señora.

Infanta   Ten, por mi amor,
                       pues pienso cobrar honor
                       con el honor que te doy.

Margarita   ¿Quién con tal grandeza nace
                       que merezca merced tanta?

Rey   Dejad hacer a la infanta,
                       que ella sabe lo que hace.

Margarita   A servirte me acomodo.

Príncipe (Aparte.)   (¡Ay, enemiga sin ley!)

Conde   El fiel vasallo a su rey
                       ha de obedecer en todo.

Infanta   No te turbes, toma.

Margarita   ¡Ay triste!

Infanta   ¿Qué miras? ¿Qué reconoces?
                   ¿Es tuya y no la conoces?

Margarita   ¿Qué miro?

Conde   ¡Ay, cielo!

Rey   ¿Qué hiciste?

Infanta   De verterla te ofrecí
                   si te casabas con él,
                   y las palabras, cruel,
                   tienen de cumplirse así.
                      Agora que te has lavado
                   estos principios te doy,
                   que, como tu amiga,
                   te guardé el mejor bocado.
                      Muy bien le puedes comer,
                   cómele, no tengas miedo,
                   y esta sangre con que quedo,
                   por ser tuya, he de beber.
                      Y porque más te destruya
                   aún más que ésta bebería;
                   que es celos mi hidropesía
                   que dan sed de sangre tuya.

Margarita   Crueles, viles hazañas,
                   villana, enemiga, fiera.
                   ¡Ay, corazón! ¡Quién pudiera

volveros a mis entrañas!
   Pero en tan grandes enojos
¿qué consuelo he de esperar?
El mío pienso sacar,
hecho sangre por los ojos.
   Mas ¿qué temo? ¿Qué recelo
contra tu pecho traidor,
falsa? ¿Hay hombres? ¿Hay valor?
¿Hay justicia? ¿Hay rey? ¿Hay cielo?
   Para tus viles ensayos
¿hay intenciones honradas?
¿Hay verdugos? ¿Hay espadas?,
¿Hay torbellinos? ¿Hay rayos?

Príncipe   Escucha...

Rey   Dime el efeto...

Conde   Señora...

Margarita   ¡Gran desventura!
En nada tengo ventura
y a nadie tengo respeto.

Conde   ¿Qué es esto?

Margarita   ¡Suerte inhumana!
¿Cómo a vengarme no acierto?

Conde   ¿Qué tienes?

Margarita   Un hijo muerto
a manos de esta villana.

Príncipe	¿Qué escucho?
Conde	¡Cielos airados! ¿Es posible?
Margarita	¿Quién consiente, señores, que un inocente venga a pagar mis pecados?
Conde	¡Todo el cielo la destruya! ¡Muera la enemiga infanta!
Margarita	Yo le pondré en mi garganta, si no le pongo en la suya.
Príncipe	¡Tente!
Conde	El alma se me abrasa.
Rey	¡Hola de mi guardia! ¡Hola, conde!
Conde	Tu cabeza sola está segura en tu casa.

Fin de la primera jornada

Jornada segunda

Margarita

    Es mi hija y, como es justo,
a mi gusto corresponde.

Príncipe

    Cualquiera parte del conde
será el todo de tu gusto.

Margarita

      Dale tú como a sobrina
las manos.

Príncipe

    ¡Gracioso brío!

Elena

    Démelas, mi señor tío.

Margarita

    Es montañesa.

Príncipe

      Es divina.
Y ¿dónde estuvo hasta agora?

Margarita

    En un lugar de su estado
la tuvo aquel desdichado
por mi causa.

Príncipe

      No, señora,
que no merece ese nombre
quien a ti te ha merecido.

Margarita

    De mi desdicha ha nacido
las sinrazones de un hombre
como el rey.

Príncipe

      Muy grandes son,
y yo con razón me aflijo.

Margarita   Tras haberme muerto un hijo,
                   tener al conde en prisión
                    y a mí también, sin reparo,
                   condenada a eterno sueño,
                   si tú, como eres mi dueño,
                   no hubieras sido mi amparo.

Príncipe   Yo soy tuyo, el rey extraño,
                   pues de tu esposo ofendido
                   escuchar no me ha querido,
                   y ha pasado más de un año
                    que está preso, y esto mismo
                   con la infanta, que es su hija,
                   ha hecho.

Margarita   El cielo corrija
                   las maldades de ese abismo.

Príncipe   Desde aquel día sangriento,
                   diciendo que así conviene,
                   no la ha hablado, y la tiene
                   retraída en su aposento.
                    Y tan fiero se ha mostrado
                   de esta contraria fortuna,
                   que con persona ninguna
                   de este negocio ha tratado.
                    Mas ya sale.

Margarita   Es un tirano.
                   Pero, aunque sé lo que es,
                   quiero arrojarme a sus pies
                   como tú me des la mano.

Príncipe   Cuanto puedo te prometo.
                    Tuyo soy.

Margarita   Mi amparo eres.

Rey   Levantaos, que a las mujeres
                    se les debe este respeto,
                      condesa

Príncipe   Tu majestad
                    me de las manos.

Rey   Tu alteza
                    me agravia.

Margarita   Si en tu nobleza
                    tiene fuerza una verdad,
                      si el ver la razón que tengo,
                    entre el fuego en que me abraso,
                    si el ver la vida que paso
                    y la muerte que no vengo,
                      si el ver que entre tantos males
                    escucho perpetuamente
                    la voz de aquel inocente
                    en los coros celestiales,
                      si el ver que así me destruya
                    una sangrienta homicida
                    de aquella sangre vertida,
                    que fue hidalga por ser tuya,
                      si el ver que cobras renombre
                    de injusto y cruel, si el ver
                    lágrimas de una mujer,
                    que esto sobra para un hombre,
                      te obligan, a mi marido

me da. No digan, señor,
que perdona al ofensor
quien castiga al ofendido.
　Ayudaráme a llorar
la prenda que me ha faltado,
y ésta que el cielo me ha dado,
podré a su sombra criar.

Rey　　　　　¿Luego es de los dos también?

Margarita　　Sí, señor.

Rey　　　　　　　Extraña cosa.

Margarita　　Siete años ha que de esposa
le di la mano.

Rey　　　　　　　Está bien.

Margarita　　　En ellos, para que pene,
me otorgó la suerte mía
ésta, que el conde tenía,
y el otro, que el cielo tiene.
　Pedidle al rey, mi señor,
lo que pide vuestra madre.

Elena　　　　Señor, perdone a mi padre.

Príncipe　　¡Oh angelico! Si el rigor,
　que ha tenido tus oídos
tan sordos para mi ruego
es menos, y si su ruego
dejó libres tus sentidos,
　porque con mi prima vengo,

tengo esperanza, señor.

Rey   Mira como no es rigor,
      sino razón la que tengo.
        Tuvo el conde tantos bríos,
      que en mi casa, y a mis ojos,
      con fuego de sus enojos,
      mató tres criados míos.
        No respetó mi corona,
      mas antes la tuvo en poco,
      y aun puso, furioso y loco,
      en peligro mi persona.
        Mira, pues, si es bien que mande
      castigar su loco intento.

Príncipe   Grande fue su atrevimiento,
           pero su culpa no es grande.

Rey   Ésa, pues al cielo plugo,
      ver al momento conviene,
      y si mi hija la tiene,
      yo mismo seré el verdugo.

Paje   El conde ha llegado agora,
       y la infanta viene ya.

Rey   Espera afuera.

Margarita   Será
          mi razón mi defensora.

Rey   Tu alteza quedar podría,
      si gustas.

Príncipe   El alma estima
            tal merced, pero a mi prima
            es justo hacer compañía.

Infanta   Dame las manos.

Rey   ¿Yo? ¿Yo?
            La muerte, dirás mejor.

Infanta   ¡Padre!

Rey   ¿Yo padre?

Infanta   Señor,
            ¿no eres tú mi padre?

Rey   No.

Infanta   ¿De qué estás tan ofendido?

Rey   Levántate.

Infanta   Así he de estar.
            ¡Mal se podrá levantar
            quien de tan alto ha caído!
              Manda que me acaben antes.

Rey   Acaba.

Infanta   Sí, pues comienza
            mi desdicha.

Rey   De vergüenza
            los ojos jamás levantes.

Infanta   Seguiré tu gusto, pues,
               mas, según estás trocado,
               lo que me habrán levantado
               algún testimonio es.

Rey   Para tan justas querellas
               no es menester. ¿No ha bastado
               lo que yo vi, y ha dejado
               enlutadas las estrellas?

Infanta   Escúchame...

Rey   Di, cruel.

Infanta   ...y verás, pues eres sabio,
               que, por decirte mi agravio,
               tomé la venganza de él.

Rey   Con la inocencia, el rigor
               ninguna ley le concede.
               Pero prosigue.

Infanta   Eso puede
               la malicia de un dolor.

Rey   ¿No dices?

Infanta   El cielo ordena.

Rey   ¿Qué te turba el corazón?

Infanta   No es poca mi turbación
               si es tanta como mi pena.

    Porque estés menos airado
de oír mi afrentosa historia,
te volveré a la memoria,
padre, que me has engendrado.
    Acuérdate de que fuiste
una cifra del querer,
y después de darme el ser
de nuevo otro ser me diste.
    Desde el día que nací
a darte gusto empecé,
como madre te crié,
como hija te serví.
    De que alcancé mil despojos
de tus manos soberanas,
de que, peinando tus canas,
solía alegrar tus ojos,

Rey

¡Oh amor de padre! No llores,
y di, que algún daño esconde,
la causa.

Infanta

 Alarcos, el Conde,
solicitó mis amores.
    En tu casa me servía,
y el villano...

Rey

        ¡Extraña cosa!

Infanta

...palabra me dio de esposa,
que yo no se la pedía.
    Y el vil y de baja casta,
siguiendo su loco intento,
una noche en mi aposento...

Rey

No digas más, que eso basta.

Infanta

   Casóse con Margarita,
entreteniendo mi engaño,
causa del pasado daño
y de esta afrenta infinita.
   Humilde estoy a tus pies,
y por esposo le quiero.
Honrarme, señor, primero,
para matarme después.

Rey

¿Qué he de hacer? ¿Qué he de esperar,
pues le ha faltado al vivir
ánimo para morir
y fuerzas para matar?
   ¡Ay, mujeres! ¿Qué rigor
de ley nos puede obligar
a que honor puede quitar
quien no puede dar honor?
   Mas responderme podrán
mil contrarios pareceres,
que las honradas mujeres
con no quitarle le dan.
   ¿Qué ha de hacer un hombre triste?
Dame tú misma el consejo,
ya que la ofensa me diste.
   Casarte con él querría;
mas ¿cómo ha de ser, traidora,
pues ya en la ocasión de agora
hijos y mujer tenía?

Infanta

   Ella fue parte y testigo
del yerro que te he contado,
y sin respeto ha tomado

por su esposo a mi enemigo.
 Y pues de tan vil empresa
ha sido causa, señor,
para que viva mi honor
mate el conde a la condesa.
 Haya rigor, haya espada
de justicia, en quien le abona,
quede limpia esa corona
con esta afrenta manchada.
 Yo mismo te suplicara
que a mí la muerte me dieras,
si con mi sangre pudieras
lavar afrenta tan clara;
 pero el darme muerte esquiva,
padre, sin volverme a honrar,
solo sería dejar
muerta yo y mi afrenta viva.

Rey

Basta, no más; que perplejo
lo que has dicho me ha dejado.
Yo soy rey y soy honrado,
pero soy honrado y viejo.
 Mas entre mil pareceres,
es éste de los mejores:
quien quisiese usar rigores
pida consejo a mujeres.
 ¡Hola! ¿Nadie me responde?

Paje

¿Señor?

Rey

¿Está el conde fuera?

Paje

Sí, señor, rato ha que espera.

Rey (Aparte.)   Dile que entre. (¡Ah, falso Conde!
        Mas si logro mi esperanza
       tendré el gusto más entero,
       pues, cuando menos, espero
       satisfacción y venganza.)

        Conde, Con...

Conde (Aparte.)   (¿Qué miro agora?
       ¿No habla el Rey? Mi pena es cierta.
       De colérico no acierta,
       fingidas lágrimas llora.
        La infanta... el rey se pasea...
       Mi mal será verdadero.)

Rey (Aparte.)   (Loco estoy.)

Infanta (Aparte.) (Venganza espero.)

Rey   ¡Conde! ¿Quién habrá que crea
        que tú, conde?

Conde (Aparte.)   (¡Ay, cielo!)

Rey (Aparte.)   (¡Ay, triste!)
       ...¿que tú, conde?

Conde   Rey, comienza.

Rey (Aparte.)   (Tengo, al decir, la vergüenza.)
       ...que tú, al hacer, no tuviste.
        Que me has afrentado digo.

Conde   ¿Yo, señor? Dios me condene.

Infanta

    Aquí el agraviado tiene
tu conciencia por testigo.

Conde (Aparte.)

    (¿Cómo mi cólera domo?)

Infanta

    ¿Tú no me ofreciste a mí
de ser mi marido?

Conde

            Sí,
pero tú sabes el cómo.

Infanta

    Después, creciendo tu fuego
con tus engaños, traidor,
¿no marchitaste la flor
de mi honor?

Conde

         Eso te niego.
¿Qué dices?

Rey

        No tienes modo,
villano, ya de excusarte,
que quien confiesa esa parte
no puede negar el todo.

Conde

    Señora, de tu traición
nació mi desdicha y mengua.
Corrija el cielo tu lengua
y mueva tu corazón.

Rey

¿Turbado te has?

Conde

        No te asombre
mi confusión. ¿Qué he de hacer?

Porque solo una mujer
puede confundir a un hombre.
  De la furia más impía
vea hacerme eterna guerra,
sea el centro de la tierra
el centro del alma mía,
  máteme el mayor amigo
con mi espada y a traición,
y sirva en esta ocasión
mi disculpa de castigo,
  marchite el rojo arrebol
que este cielo me asegura,
sea mi luz la noche escura
y mis tinieblas el Sol,
  y hasta la menor estrella
escurezcan mis enojos,
no pueda verme en los ojos
de mi Margarita bella
  si aun con solo el pensamiento
ofendí jamás tu honor
ni el de la Infanta.

Infanta   Señor,
miente el villano.

Conde   ¿Yo miento?
  Todo cuanto el alma adora
en el suelo y en el cielo
me falte...

Rey   Calla.

Infanta   Recelo
que no te engañe.

Conde (Aparte.)   (¡Ah, traidora!)

Rey   Conde, ¿es verdad...

Conde (Aparte.)   (¡Caso extraño!)

Rey   ...que diste palabra, di,
de esposo a la infanta?

Conde   Sí,
pero fue con un engaño.

Infanta   En eso echarás de ver
que él mismo se ha condenado.
Si con otra te has casado,
¿no me afrentaste?

Conde   ¡Ah, mujer!

Rey   ¿Que tan mal se corresponde
a mi autoridad?

Conde   ¡Ay, triste!

Rey   La palabra que le diste
cumplir se la tienes, conde.

Conde   ¿Cómo, si tengo mujer,
podré?

Rey   ¿Tiemblas?

Conde   ¿De qué suerte,

señor?

Rey   Pues el daño es fuerte,
           fuerte el remedio ha de ser.

Conde   ¿Cuál es?

Rey   La condesa muera.
           Traspasa las justas leyes,
           que las honras de los reyes
           las pueden hacer de cera.

Conde   ¿Que muera mi esposa?

Rey   Sí.

Infanta   ¡Cómo al villano le pesa!

Rey   Mata, conde, a la condesa.

Conde   Mátame primero a mí.
             ¿Yo he de eclipsar la luz pura,
           que al mundo la puede dar?
           ¿A un ángel he de matar
           en discreción y hermosura?
             Mira, Rey...

Rey   Traidor, ya miro
           las desdichas a que vengo.

Conde   Que ha diez años que la tengo
           y diez y seis que la miro,
             y que se extremó en quererme,
           y que, por no darme enojos,

jamás levantó los ojos
que no fuera para verme.
  Mira aquellas hebras de oro,
de aquel rostro peregrino,
aquel sujeto divino
a quien respeto y adoro.
  Mira que hazaña tan fea
parecerá al mundo extraña,
mira también que te engaña
otra Circe, otra Medea.
  Mira que hay, pues que te obliga
un cristiano y justo celo,
purgatorio, infierno y cielo
y un Dios que premia y castiga.

Infanta   ¿Cómo se puede escuchar
esta afrenta, padre amado?

Rey   No llores, tanto he mirado,
que no tengo que mirar.
  Lo que digo se ha de hacer,
pues a mi suerte le plugo,
o en las manos de un verdugo
tú, tu hija y tu mujer
  moriréis, pues en mi casa
juntos os tengo a los tres.

Conde   ¡Jesús mil veces! ¿No ves,
rey?

Infanta (Aparte.)   (El alma se me abrasa.)

Rey   De tu porfía me espanto.
¡Éste es mi honor y mi gusto!

Conde

     ¡Rey magnánimo, rey justo,
rey poderoso, rey santo,
  mi señor, infanta bella,
a tu valor corresponde!

Infanta

     Muera la condesa, conde.

Rey

     Muera mi afrenta con ella.
  Dirás que te he desterrado
y partiráste hoy de aquí,
y en el camino...

Conde

         ¡Ay de mí!

Rey

     ...más desierto y despoblado
  la matarás, y de suerte
que disimules tu pena,
buscando una excusa buena
para disfrazar su muerte.
  La palabra me has de dar
de lo que digo, o morir
luego los tres.

Conde (Aparte.)

       (Resistir
no puedo a tanto pesar.
  ¿Mataré a mi dulce esposa?
Sí, que en aquesta jornada
escogió la muerte honrada
por huír de la afrentosa.)

Rey

     Y el mesmo día, en secreto,
te casarás con la infanta.
¿Prométeslo?

Conde

        ¿Hay pena tanta
en la tierra? Sí prometo.

Rey

¿Júraslo así?

Conde

      Así lo juro,
y al cielo doy por testigo
de tu injusticia.

Infanta

        ¡Ah, enemigo!
Lavar mi afrenta procuro.

Rey

¡Hola!

Conde

      ¿Quién no muere agora...

Rey

Di al príncipe y la condesa
que entren.

Conde

     Rigurosa empresa.

Rey

Vete tú, infanta.

Conde

      ¡Ay, traidora!

Infanta

Vengada voy.

Conde (Aparte.)

     (Cielo, ¿dónde
dan tan crueles despojos?
¡Ay, rigor!, ¡ay, bellos ojos!)

Rey

Entrad. Disimula, conde.
Condesa, tened en mucho

el daros a vuestro esposo.

Margarita   Tus pies beso.

Conde (Aparte.)   (¡Ay, cielo hermoso!)

Margarita   Señor, ¿qué miro?, ¿qué escucho?
Halle mi desenvoltura
disculpa en mis alegrías.

Conde (Aparte.)   (No salgáis, lágrimas mías.)

Margarita   ¡Mi consuelo!

Conde
(Aparte.)   ¡Mi luz pura!
(¡Que estimes los mesmos brazos
que han de matarte! ¡Ah, cuitada!)

Infanta (Aparte.)   (Ya tiene filos la espada,
que ha de cortar estos lazos.)

Príncipe   Bueno fuera durar eso.
Gran merced he recebido.

Rey   La parte y el todo ha sido
el servirte.

Príncipe
(Aparte.)   Tus pies beso.
(Viendo esta enemiga ingrata
toda el alma se me altera.)

Infanta (Aparte.)   (Muero, mas antes que muera
ha de morir quien me mata.)

Rey

El destierro de mi corte
se ponga en ejecución,
para dar satisfacción
a mi gente, aunque no importe.

Príncipe

¿Salen de ella desterrados?

Rey

Sí, príncipe.

Príncipe

Acompañarlos
será justo, hasta dejarlos
en tierra de sus estados.

Infanta (Aparte.)

(Si éste va en su compañía
pondrá estorbos a su muerte;
mas ya pienso de qué suerte
le detendré.)

Conde

Esposa mía,
¿que iras contenta?

Margarita

¿Pues no?
Contigo, sin alboroto,
del mundo en lo más remoto
viviré con gusto yo.

Conde (Aparte.)

(¡Ay, esposa dulce y fiel!
Castigue Dios soberano
los que quieren, por mi mano,
sacarte sin culpa de él.)

Rey

¿Y que no hay qué te desvíe
de ese intento?

Príncipe   Porque es justo
                    ir con ellos.

Rey   Haz tu gusto.

Conde   Danos los pies.

Rey   Dios os guíe.

Infanta (Aparte.)   (Para que estorbo no fuera
                    le quisiera detener.)

Margarita   ¿Que te tengo?

Conde (Aparte.)   (¡Que he de ser
                    el lobo de esta cordera!)

Infanta   Escucha.

Príncipe   ¿Qué he de escucharte?
(Aparte.)   (¿Qué pretende esta inhumana?)

Infanta   Esta noche a la ventana
                    te espero, que quiero hablarte.
                     Cosa es que te importa, ven.

Príncipe   Pues ¿en qué puedo servirte?

Infanta   No puedo agora decirte
                    más de que te quiero bien.
(Aparte.)   (De esta suerte he de engañar
                    a este necio.) ¿No respondes?

Príncipe (Aparte.)   Iré a servirte. (A los condes

dejaré de acompañar.
  Diré que he de ser su esposo
y engañaré esta mujer.
¡Qué gran gusto debe ser
enganar a un alevoso!)

Hortensio

Mucho me vendrá a deber
este ifante, y con razón,
si, cual es la obligación,
le diese el tiempo el poder.
  Aquí, mi piedad por norte,
le crió, y tengo guardado
en lugar más despoblado
y más cercano a la corte,
  pudiendo acudir a ella
solo a buscarle sustento.
Este hidalgo pensamiento
premie su benigna estrella.
  De sus prendas y linaje,
a sus parientes y amigos,
daré por fieles testigos
estos montes y este traje,
  si el tiempo... ¿Quién viene allí?
Parece mujer que pasa
de la cueva, que es mi casa.

Margarita

¿Sin criados?

Conde (Aparte.)

  (Y sin mí.)
  De aquí nuestra gente espera
muy cerca, y ellos vendrán
cuando tú gustes.

Margarita

  Harán

tu gusto.

Conde (Aparte.)   (Morir quisiera.)

Margarita   ¿Qué habemos de hacer, amigo,
                         en lugar tan despoblado?

Conde   Siéntate, que aquí sentado
                         quiero descansar contigo,
                          que tengo en el corazón
                         una gran congoja.

Margarita   ¡Ay, triste!
                         Y ¿cuándo tú la tuviste
                         en mi presencia?

Hortensio   Ellos son.

Elena   ¿Qué tiene padre?

Conde   Mis ojos,
                         dadme vos un beso.

Elena   Y dos.

Margarita   ¿Qué es esto, mi gloria?

Conde (Aparte.)   (Adiós.)

Margarita   ¿Tú lágrimas y enojos,
                          mi regalo y mi consuelo?
                         Dime la causa del llanto.

Elena (Aparte.)   (Quiérele mi madre tanto,

                         ¿y llora?

Conde (Aparte.)   (¡Ay, ángel del cielo!)

Margarita   De que soy tuya me pesa
                     cuando en mi poder te hallas,
                     me miras, lloras y callas,
                     mi bien, mi conde...

Conde   ¡Ay, condesa!

Margarita   ¿Qué tienes?

Conde   La muerte toco.

Margarita   ¿Cómo, señor?

Conde   Ardo en fuego.

Margarita   No me aflijas.

Conde   Estoy ciego.

Margarita   No me mates.

Conde   Estoy loco.
                     Condesa, mi bien...

Margarita   Mi dueño...

Conde   Luego sabrás mis enojos,
                     veré si doy a mis ojos,
                     tras estas lágrimas, sueño.

Margarita   Sosiega, reposa.

Conde   Espera,
por si puedo...

Margarita   Estoy sin vida.

Conde   ...en una muerte fingida
alcanzar la verdadera.

Margarita   ¿Qué es esto? Estas ocasiones
no dejara de temer
si, como toda mujer,
fuera toda corazones.
(Aparte.)   (Con cien mil temores lucho.
¿Qué tiene el conde? ¿Qué creo?)

Hortensio   Cielo, ¿es cierto lo que veo,
o es quimera lo que escucho?

Margarita   ¿Qué haces?

Conde   Mi mal no afloja;
veamos...

Margarita (Aparte.)   (Cielos, ¿qué haré?)

Conde   ...si paseando podré
aliviar esta congoja.
(Aparte.)   (Todo me cansa. ¡Oh suceso
infelice y riguroso!
¿Puede ser?)

Margarita   Querido esposo,

sosiégate.

Conde (Aparte.)   (Pierdo el seso.)

Margarita   Vuelve, vuelve...

Conde   ¡Ay, ojos bellos!

Margarita   ...a sentarte y darme abrazos.
                 ¿No descansas en mis brazos?

Conde   Morirme quisiera en ellos.

Margarita   Esta niña, aunque pequeña,
                 ¿no es gran consuelo?

Conde   Sí es.

Elena   ¡Padre!

Conde   ¡Hija!

Hortensio   Ver los tres
                 enterneciera una peña.

Margarita   ¿No sabría qué te aflige?

Conde   El caso más dolorido
                 que en el mundo ha permitido
                 el que le gobierna y rige;
                   la más dañada esperanza,
                 el mayor atrevimiento,
                 el más cruel pensamiento,
                 la más injusta venganza,

el más injusto rigor,
el agravio más terrible,
la pena más insufrible
y la desdicha mayor.

Margarita

¿Y qué es?

Conde

El mayor pesar,
la más rigurosa empresa...
de morir habéis, condesa,
que el rey os manda matar.

Margarita

¿Cómo, señor?

Conde

Triste calma.
Este injusto, este tirano,
quiere que ponga la mano
donde tengo puesta el alma.

Margarita

Ya me ha muerto ver que tratas
tú de quitarme el vivir;
que yo no siento el morir,
sino el ver que tú me matas.

Conde

Palabra de caballero
di de matarte, y casarme.

Margarita

No más, que para matarme
esto bastaba. Ya muero.

Conde

¿Desmáyaste? Triste suerte;
pero ¡qué necios ensayos!,
¿qué me duelen tus desmayos
cuando procuro tu muerte?

Margarita	¿Que te has de casar y que has de emplearte en otra parte?
Conde	¿No sientes que he de matarte?
Margarita	No, que esotro siento más. ¿No me pudieras callar esa segunda promesa y matarme?
Conde	¡Ay, mi condesa!

Margarita	Señor, ¿que te has de casar?
	  Pónesme en duda la palma
	que mereciera en los cielos,
	que a no matarme con celos,
	llevara quieta el alma.
	  Tu inclemencia se corrija
	si es posible...

Elena	Señor padre.
Margarita	...siquiera porque soy madre de este ángel que es tu hija.
Conde	No es posible resistir al rigor de este pesar. Mas, pues no puedo matar, ¡vive Dios que he de morir!
Margarita	¡Mi bien!
Conde	Esposa querida,

deja...

Margarita   ¡Terribles desdenes!
¡Mi gloria!

Conde   ¿Un brazo detienes
que ha de quitarte la vida?
   Moriré, mas no mantengo
mi palabra, así es verdad.
¡Ah, cielos, que aun libertad
para matarme no tengo!

Hortensio   ¡Grande lástima! ¿Qué haré?
¿Saldré? No es justo salir.

Margarita   Si es que el uno ha de morir
de los dos, yo moriré.
   Mátame.

Conde   Yo estoy difunto
de escucharte.

Margarita   Mas, señor
¿Que tantos años de amor
han de acabarse en un punto?
   Pero no es razón que huya
de locura que es tan cuerda;
mas no es justo que se pierda
un alma que ha sido tuya.
   Querría, por mi consuelo,
confesarme.

Conde   ¡Trance horrible!
Margarita, no es posible,

confiésate con el cielo.

Margarita   Baste. No más. Sea ansí.
Los cielos enternecidos
me escuchen, pues tus oídos
están sordos para mí.
   Aunque temo su desdén,
pues con propósito firme
jamás pude arrepentirme
de haberte querido bien.
   Mas, señor, pues en la tierra
no hay cosa que no me aflija,
confesores de los cielos,
grandes son las culpas mías.
Mártires santos, valed
a esta triste que os imita;
vosotros también, pues muero
con vuestra inocencia misma,
valedme, inocentes todos;
los que en las supremas sillas
tenéis gloriosos lugares
me valed, y vos, bendita
abogada de los hombres,
Virgen preñada y parida,
Madre del Eterno Hijo,
del Eterno Padre hija,
intercede por mí agora
y aparejad una silla
adonde, por culpa nuestra,
contemplo tantas vacías,
y quédese el mundo en paz,
pues es su guerra infinita.
A vos yo os perdono, conde,
por el amor que os tenía,

pero, pues sin culpa muero,
para dentro en quince días
al reycito y a la infanta,
ante la justa justicia.
Agora déjame dar
dos abrazos a esta niña.

Elena   Padre, no mate a mi madre.

Conde   ¡Qué congoja!

Margarita   ¡Qué desdicha!
Y a ti también te abrazara,
pero no quiero que digas
que hace lo mesmo al verdugo
el que la vida le quita.
Con todo, quiero abrazarte.

Conde   Algún demonio me incita.
Ya de puro sentimiento,
de lástima, de mancilla,
el seso he perdido, rabio;
y aunque la condesa es mía,
seré, pues lo quiere el rey,
su verdugo y su homicida.
Como el que, rabioso y loco,
se ceba en su carne misma,
echaréle un lazo al cuello
de una toca o de una liga,
y, llamando a mis criados,
diré que murió. Infinita
es mi maldad. Pero vaya,
pues lo quiere el rey. Amiga,
ya es hora.

Margarita   ¡Qué dulce nombre!
                   Espera. Jesús, María!

Conde   La fuerza faltó a los brazos,
                   más ya es muerta.

Hortensio   ¡Qué desdicha,
                   que estorbarle no he podido!

Elena   Padre, padre, madre mía.

Conde   Agora, conde villano,
                   te falta el ánimo, gritas.
                   Tengo un ñudo en la garganta,
                   mas yo voy y vuelvo aprisa.
                   Acudid, criados míos,
                   que la condesa se fina.

Elena   Jesús, qué fiero animal!

Hortensio   Aún parece que está viva.
                   Sobre mis hombros la llevo.

Elena   ¿Adónde iré? ¡Qué desdicha!

Criado   En este lugar los vi,
                   llorando a los tres.

Príncipe   No hallo
                   sosiego.

Criado   Y maté un caballo
                   por avisarte.

Elena	¡Ay!
Príncipe	¿Qué oí?
Elena	¡Señor tío, señor tío!
Príncipe	¿Hay cosa tan peregrina? ¿Cómo tan sola, sobrina?
Elena	Hanme dejado.
Príncipe	¡Ángel mío! ¿Y quién tan sola os dejó?
Elena	Mataron aquí a mi madre.
Príncipe	Y ¿quién la mató?
Elena	Mi padre.
Príncipe	¿Vístelo vos?
Elena	Vilo yo. Bien lo vi y bien le pesaba.
Príncipe	¿Hay pena como la mía?
Elena	Y así llorando decía...
Príncipe	¿Qué?
Elena	Que el rey se lo mandaba.

| Príncipe | Jesús, decid la verdad! |
| | Y ¿por qué? |

| Elena | Porque se case |
| | con la infanta. |

Príncipe	¿Que eso pase?
	¿Hase visto tal maldad?
	Pues no ha de ser de esta suerte,
	aunque el cielo lo permita,
	que en mí tiene Margarita
	quien sabrá vengar su muerte.
	¡Oh, rey falso! Y tú, mis ojos,
	¿cómo aquí tan sola estás?

| Elena | Dejóme y fuése. |

Príncipe	¿Eso más?
	Vamos, que rabio de enojos;
	y pues con razón me fundo
	y esto acabo de entender,
	una venganza he de hacer
	con que atemorice al mundo.

Conde	Pienso que es éste el lugar
	donde mi esposa he dejado,
	mas tal estoy de turbado
	que aún no le podré hallar.
	Ya ha rato que ando perdido.
	¿Éste será? ¡Extraña cosa!
	Pero no está en él mi esposa,
	al cielo se habrá subido.
	Mi hija quedó con ella
	y falta también —iay, Dios!—

que cualquiera de las dos
le podrá servir de estrella.
   Mas ¿cómo no arroja rayos,
si es justo, a un pecho alevoso
como el mío? ¡Ay, cielo hermoso!
Mortales son mis desmayos.

Criado   Señor...

Conde   Déjame y de un monte...

Criado   ¿Qué haces?

Conde   Criados míos,
por buscarlas dividíos
todos por este horizonte.

Criado   Será así.

Conde   Mi pena es tanta
¿y la muerte no me doy?
Mas pues a la corte voy,
y veré al rey y a la infanta,
   con verme me matarán;
que pues con pecho atrevido
causa de mi daño han sido,
mis basiliscos serán.

Grande 1   No es rigor, sino justicia,
volver un rey por su honor.

Grande 2   Y, cuando fuera rigor,
le merece su malicia.

Rey

No es poco gusto saber,
para en ocasión que importe,
que dos grandes de mi corte
aprueben mi parecer.

Grande 1

Como de tu ingenio es.

Rey

Si tiene el debido efeto,
casarse han luego en secreto,
y publicarse ha después.
    Y pues sabréis que me vengo,
o al menos me satisfago,
del casamiento que hago
y de la razón que tengo
    seréis testigos.

Grande 1

        Tú puedes
mandarnos.

Grande 2

    No hay que dudar.

Rey

Y vosotros esperar
mis regalos y mercedes.
    Y si no cumple el villano
su palabra y mi deseo,
por el Dios que adoro y creo,
justo, eterno y soberano,
    que de haber burlado ansí
un real y noble pecho,
ha de hallar el mundo estrecho
para guardarse de mí.

Criado

Él y un paje en dos caballos
a toda furia salían.

El príncipe...

Infanta

                    Correrían,
sin duda, para estorballos.
  Algún aviso ha tenido,
algún estorbo recelo
a mi gusto. Quiera el cielo,
aunque de mí está ofendido,
  que caiga, si corre a eso,
de suerte que levantar
no se pueda. ¿Que avisar
le pudieron? Pierdo el seso.

Rey   ¿Infanta?

Infanta   ¡Señor!

Rey   ¿Qué extremo
de tristeza echo de ver
en tus ojos?

Infanta   Del temer
nace el dudar, y yo temo
  y estoy triste.

Rey   ¿Pones duda
en tu gusto, infanta hermosa?

Infanta El que desea una cosa
siempre la teme y la duda,
  y hasta verla no estaré
jamás con el rostro enjuto.

Paje   Cubierto el conde de luto

desde la cabeza al pie,
      pide licencia.

Rey   En buen hora.

Infanta   No es como él mi suerte, negra;
                  el primer luto que alegra
                  es éste.

Grande 2   ¿Estás triste agora?

Rey   ¿Qué es, conde?

Conde   El tiempo enemigo
                  me ha puesto de esta manera.

Rey   Sálganse todos afuera
                  cuantos vinieron contigo.

Conde (Aparte.)   (¡Oh cielo!)

Rey   Di lo que has hecho,
                  que cuantos mirando estás
                  lo saben.

Conde   Y tú sabrás
                  que tuve de acero el pecho.

Rey   Agora quiero abrazarte,
                  pues que le tuviste hidalgo.
                  Levanta.

Conde (Aparte.)   (De seso salgo.)

Rey

Al momento he de casarte
    con mi hija, que es lo más
que a mí la suerte me ha dado.

Conde (Aparte.)

(Yo quedaré bien pagado,
con la muerte que me das,
    de la que di a mi mujer.
¡Ah, cielo!) Beso tus pies.

Rey

Pues el duque y el marqués
testigos vienen a ser
    de este casamiento, luego
le da la mano.

Conde

        Sí, doy.

Infanta

Y yo la tomo.

Conde (Aparte.)

            (Y yo estoy
de cólera mudo y ciego;
    pero pagarme convino
a mi desdicha el tributo.)

Rey

A desposarse con luto
fuiste el primero que vino.

Conde

    Que así había de venir
nos enseña la experiencia,
por la poca diferencia
que hay del casarse al morir.

Infanta (Aparte.)

    (Ya me han vengado los cielos,
porque este forzado empleo
no ha sido amor ni deseo,

sino tema, rabia y celos.
     Aborrézcame el traidor,
que, porque su pena crezca,
deseo que me aborrezca,
para vengarme mejor.)

Grande 1   Gocéis mil años del bien
     que tenéis.

Grande 2   No tenga igual
     vuestro gusto.

Conde (Aparte.)   (De mi mal
     me están dando el parabién.)

Infanta   Déjeme el cielo pagar
     vuestro buen celo.

Grande 1   Señora,
     mil años vivas.

Rey   Agora
     mis hijos quiero abrazar.

Infanta   Las manos nos da por ello.

Rey   El alma daros quisiera.

Conde (Aparte.)   (¡Cuánto mejor estuviera
     aquel lazo en este cuello!)

Grande 1   Sentimiento muestra el conde.

Grande 2   Quería mucho a su esposa.

Grande 1   Y casi a ninguna cosa
              de las que escucha responde.

Paje   Al rey he de avisar.

Príncipe   Es un tirano.
              Dejadme entrar, o quedará deshecho
              este palacio a coces. ¡Oh, villano!

Paje   ¡Ay, que me ha muerto!

Príncipe   Ha sido de provecho.
              Si eres, rey, descendiente de otros reyes,
              ¿ha sido hazaña digna de tu pecho
                romper y traspasar las justas leyes?
              ¿Es hazaña de rey lo que tú hiciste?
              ¡Hiciéranlo los que andan tras los bueyes!
                Y tú, conde villano...

Conde   ¿Qué dijiste?

Grande 1   Mira, príncipe ciego...

Príncipe   ¿Ha sido justo
              lo que hasta él mismo cielo tiene triste?
                pero ¿cómo a mi cólera resisto?
              Dime, Conde traidor, ¿habrás hallado
              en las leyes de amor, o en las de Cristo,
                que el dar la muerte a quien la muerte has dado
              fue cosa justa? Por quererlo un hombre
              mataste un ángel.

Rey   Oye, hante informado

mal, y hablaste peor.

Conde   Ése es mi nombre,
pues traidor me llamaste. Yo confieso
que tengo culpa, aunque mi culpa asombre,
 pero perdí el valor perdiendo el seso.

Príncipe   ¡Oh, enemigo; oh, tirano!

Rey   ¿Que permita
esto, en su casa, un rey?

Príncipe   ¡Qué bueno es eso!
 ¡Súfrete el cielo a ti...!

Rey   ¡Rabia infinita!
¡Prendelde!

Príncipe   ¿Qué prender? Tirano, advierte
que es de mi sangre y casa Margarita,
 y así, en este ofendido pecho fuerte,
enciende el fuego su ceniza fría,
que ha de abrasarte a ti y vengar su muerte.
 Y tú, Circe cruel, infame arpía...
Mas yo me vengaré...

Infanta   Villano, calla.

Príncipe   Si junto mi valor con el de Hungría,
 comienza a defender esa muralla
de mis intentos solos.

Rey   Serán vanos.

Príncipe   Con mi aliento me atrevo a derriballa.

Rey   ¡Matad a ese traidor!

Príncipe   ¿No tengo manos,
si no basta el respeto que se debe
a un hombre como yo?

Grande 1   Dadle.

Príncipe   ¡Villanos!
    ¡Y tantos contra un hombre!

Conde   Gente llueve;
remediarle no puedo, estando agora
como un hombre de mármol o de nieve.

Infanta   Matad ese traidor.

Conde   Tú, eres traidora.

Fin de la segunda jornada

Jornada tercera

Margarita	Mucho debo.

Hortensio	Pago ansí mi obligación conocida.

Margarita	Diste a mi hijo la vida,
	después me la diste a mí,
	  y aquí con mano piadosa,
	sustentándolas estás;
	cuando no hay caza nos das
	fruta silvestre y sabrosa,
	  que de ésta nunca faltó
	por todo aqueste horizonte,
	porque las plantas del monte
	riego con lágrimas yo.
	  Seis años ha que a tus ojos
	lloro mi infelice historia,
	sin perder de mi memoria
	el menor de mis enojos.

Carlos	¡Padre, madre!

Margarita	Dios te guarde.

Hortensio	¿De qué huyes?

Carlos	De un león.

Hortensio	¿Es de hombre tu corazón?

Margarita	Hijo villano, cobarde, ¿miedo tenéis, sino a Dios,

y de una fiera huís?
¿De qué tembláis? ¿Qué decís?
¿Sangre de rey tenéis vos?

Carlos

Siendo tan pequeño agora
no es mucho que me recate;
mas volveré a que me mate
si ése es tu gusto, señora.

Margarita

Tente, aun no te obligo a tanto,
pero ¿temblando has de huir?
Los hombres han de morir
de heridas y no de espanto.
¿Crees en Dios y en su ley?

Carlos

Sí, madre.

Margarita

A todo responde.
¿Quién tienes por padre?

Carlos

Al conde.

Margarita

¿Y por enemigo?

Carlos

Al rey.

Margarita

Y dime, un buen caballero
¿qué cosas ha de tener
para parecerlo?

Carlos

Ser
buen cristiano lo primero.

Margarita

¿Y de trato?

Carlos

Noble y claro.

Margarita

¿Qué más?

Carlos

No hacer cosa fea.

Margarita

¿Y en lo que gastar?

Carlos

Que sea
entre pródigo y avaro.

Margarita

¿Con las mujeres?

Carlos

Afable.

Margarita

¿Y ha de querer?

Carlos

A ninguna.

Margarita

¿Paciente?

Carlos

Con la Fortuna.

Margarita

¿Y en lo que promete?

Carlos

Estable.

Margarita

¿Qué hará si debe?

Carlos

Pagar.

Margarita

¿Qué no ha de ser?

Carlos   Inquieto.

Margarita   ¿Y qué ha de guardar?

Carlos   Secreto.

Margarita   Pocos le saben guardar.
                              ¿Qué no ha de dar?

Carlos   Ocasión.

Margarita   ¿Si se la dan?

Carlos   Arrojarse.

Margarita   ¿Si le ofenden?

Carlos   Mejorarse.

Margarita   ¿Y qué ha de tener?

Carlos   Razón.

Margarita   ¿Ser amigo...?

Carlos   ...de su amigo.

Margarita   ¿Qué hará?

Carlos   Servirle y honrarle.

Margarita   ¿Y al enemigo?

Carlos   Estimarle.

Margarita   ¿Y qué más?

Carlos   No serle enemigo.

Margarita   Y, sobre todo, ¿qué importa?

Carlos   Que diga siempre verdad.

Margarita   Esa lición repasad
                    cada día, pues es corta.

Hortensio   Gran mujer, si cada día,
                    la que tú le das, señora,
                    diesen los padres de agora,
                    menos infames habría.

Margarita   Este niño es mi consuelo,
                    quiérole como al vivir.

Hortensio   Vamos, Carlos, de esgrimir
                    tomaréis lición.

Carlos   ¡Ah, cielo!
                      Si tú me dejas crecer,
                    con la fuerza de mis brazos
                    leones hechos pedazos
                    a mi madre he de traer.

Margarita   Ya que sola me han dejado
                    en mi ordinario ejercicio,
                    haced, ojos, el oficio
                    que mi desdicha os ha dado.
                      ¡Ay, conde Alarcos!... ¿Quién viene?

| Elena | ¡Qué bién empleados pies! |

| Margarita | Una pastorcilla es
que grande donaire tiene. |

| Elena | ¡Ay, Jesús! ¿Cómo resisto
a este trance? Huir no puedo
con el miedo. |

| Margarita | Tiene miedo.
Sin duda aquel rostro he visto
otra vez, mas no imagino
cómo y dónde. Espera, espera. |

| Elena | ¡Ay, cuitada! Bueno fuera.
¡Valedme, cielo divino,
que no puedo, de turbada,
valerme! |

| Margarita | No hay que temer,
que como tú soy mujer,
aunque mujer desdichada.
¿Espanto yo? |

| Elena | Sí, que estás
como salvaje entre fieras. |

| Margarita | Pues, si mi desdicha vieras,
te hubiera espantado más.
Dame la mano. |

| Elena | No oso
un poco el miedo he perdido. |

Margarita   Pues, aunque del Sol curtido,
                   rostro tengo.

Elena   Y harto hermoso.
                     Parece que el corazón
                   con verte se alegra un poco.
                   Desde que te miro y toco
                   te voy cobrando afición.
                     Y que te he visto sospecho
                   otra vez, pero no vengo
                   a conocerte.

Margarita   Si tengo
                   negro el rostro y ronco el pecho,
                     no es posible, y es tu edad
                   muy poca para acordarte
                   dónde, cómo y en qué parte
                   me viste.

Elena   Dices verdad.

Margarita   Abrázame. Cosa rara,
                   yo también —iah, tiempo ingrato!—
                   tengo en el alma un retrato
                   muy parecido a tu cara,
                     y agora, amiga, querría
                   meterte do esté escondido.

Elena   En amor se ha convertido
                   el miedo que te tenía.

Margarita   ¿Quién eres?

Elena   Por el efeto
que has hecho de amor en mí,
quiero decírtelo.

Margarita   Di.

Elena   Has de guardarme secreto.
  Yo soy, aunque en este traje,
hija de Alarcos el conde.
El color tienes perdido,
¿qué te turba y descompone?
Ya vuelve a cobrar tu rostro
sus perdidos arreboles
¿Por qué me abrazas y lloras?
¿Qué dices?¿No me respondes?
Señora, ¿qué extraño efeto
han hecho en ti mis razones?
Vuelve en ti y dime la causa.

Margarita   Prosigue, amiga.

Elena   No llores.
Pues un día desdichado
que salimos de la corte
mi padre, mi madre y yo,
de muy poca edad entonces,
en un despoblado valle
que está en la falda de un monte,
mató mi padre a mi madre,
el cielo se lo perdone.
Y un hombre en tu traje mesmo,
su cuerpo en brazos llevóse,
dejándome sola y a mí
dando alaridos y voces.

Hallóme el de Hungría ansí,
que es mi tío, y preguntóme
la causa. Contéle el caso;
como era justo, sintióle.
Juró de darme venganza,
y entregóme a unos pastores,
diciéndome que partía
lleno de pena a la corte,
donde halló que con la infanta
estaba casado el conde.
¡Terribles son tus extremos!

Margarita   Prosigue, amiga.

Elena   No llores.
Con todos se descompuso,
y usando de sus rigores
le mandó prender el rey.
Mientras pudo defendióse,
pero apretado, a prisión
hubo de darse a la postre,
y aun dice que le mataran
a no tener valedores.
En un castillo le tiene,
que se ve desde este monte,
donde padece ha diez años
los trabajos más inormes.
Murió su padre en Hungría,
y un vasallo suyo alzóse
con el reino, y esto es causa
que ninguno le socorre.
Yo le hablo algunas veces
por la reja de una torre,
llevándole en esta cesta

cuándo fruta, cuándo flores.
Estoy en la casa misma
donde me dejó, aunque pobre
contenta, pues le consuelo,
y alegre de que me adore.
Pues sabes quien soy, agora,
ansí mil años te goces,
que me digas tú quién eres.

Margarita   Dame los brazos.

Elena   No llores.

Margarita   Más lugar he menester
para que mi historia cuente,
y un grande tropel de gente
llega ya, voyme a esconder.
     ¿Que te miro, que te toco?
¡Cielos santos, cielos justos!
Ya llegan... ¡Todos los gustos
suelen durarme tan poco!
     Vuelve a verme de aquí un rato
aquí mesmo.

Elena   Así lo haré.

Margarita   Yo, hija, te mostraré

Elena   ¿Qué?

Margarita   De tu madre un retrato.

Elena   De tan extraño suceso
con razón me maravillo.

Adiós, y voyme al castillo
donde el príncipe está preso.

Rey
¡Qué bien corrió al jabalí
el lebrel!

Infanta
¡Fue buena suerte!

Conde (Aparte.)
(¿Cómo alcanzaré la muerte
si vuela huyendo de mí?)

Margarita
Quien tal mira ¿qué padece?

Voz (Dentro.)
¡Aquí, aquí! ¡Más gente acuda!

Rey
Voces oigo, sí, sin duda
que algún buen lance se ofrece.
Vamos todos.

Infanta
Tú, señor,
¿no vienes conmigo?

Conde
No.

Infanta
¿Por qué?

Conde
¿No sabes que yo
si estoy solo estoy mejor?

Infanta
Ya sé que de noche y día
te canso.

Conde
Dices verdad.

Infanta   Y es tu misma soledad
                 tu apacible compañía.
                   Ya sé que tu Margarita
                 muerta ocupa tu memoria.

Margarita   ¡No me ha dado poca gloria
                 oírlo!

Conde   Será infinita.

Infanta   Conde, que en tan largos años,
                 porque para ti lo han sido,
                 ¿los enojos no has perdido
                 conmigo?

Conde   Fueron extraños.

Infanta   Vuelve, señor, en tu acuerdo,
                 que como loco has quedado
                 desde entonces.

Conde   Y he mostrado
                 solo en eso que soy cuerdo;
                   que quien el seso y el ser
                 no pierde, si es grave el mal
                 que le sucede, es señal
                 que no tuvo qué perder.

Infanta   Ya imagino que eres loco,
                 pues por tal te has confesado.

Conde   Y tú cuchillo embotado
                 que me matas poco a poco.

| Infanta | Dame la mano, que estoy... |

| Conde | Presto me quieres matar,
pues filos le quieres dar
en la mano que te doy,
  pues cuando tuya no fuera,
bastaba acordarme yo
de que el alma me costó
el dártela... |

| Margarita | ¡Quién pudiera
  quitársela agora! |

| Infanta | ¡Ay, triste! |

| Conde | Déjame. |

| Infanta | Cruel estás. |

| Margarita | Pues con dársela me das
la muerte que no me diste.
  Estoy por vengarme agora,
pero debo más respeto
al conde. |

| Infanta | ¡Qué extraño efeto
de crueldad! |

| Conde | Dejad, señora. |

| Infanta | Ya dejo —¡ah rigor terrible!—
de cansarte y de cansarme;
pero dejar de vengarme
de un villano, no es posible. |

Queda en paz, que de mi guerra
no ha de escaparse tu vida.

Conde

Para tenerte escondida
abra su centro la tierra.

Margarita

Consuelo dan sus desdenes
a mis penas inmortales.

Conde

La memoria de mis males,
y el archivo de mis bienes,
descuelga de aquel arzón,
y en mi ordinario ejercicio
pasaré un rato.

Margarita

El juicio
se le ha vuelto, y con razón.

Marcelo

Mejor es que te diviertas
en otra cosa.

Conde

Marcelo,
¿no sabes que mi consuelo
consiste ya en prendas muertas?
Ve al momento.

Marcelo

Pues yo voy.

Conde

¿Dónde estás, mi prenda cara,
Margarita?

Margarita

¡Quien llegara
a decirle dónde estoy!

Conde

¿Dónde estás? ¿Qué triste suerte
permite...

Margarita

Muero callando.

Conde

...que siempre te esté mirando
y que nunca pueda verte?

Margarita

¿Qué esperáis, cobardes pies?
¿Hablaréle? No...

Conde

¡Señora!

Margarita

...que me está llamando agora
y me matará después.
   ¡Maldigo a quien os quisiere,
hombres, pues no puede ser
confiarse la mujer
del hombre que más la quiere!

Conde

   A mi Margarita bella
pienso que el alma divisa,
que muchas estrellas pisa.

Margarita

Y es infelice su estrella.

Conde

¿Qué habrá que no me inquiete?

Marcelo

Ya la maleta está aquí.

Conde

Y yo, triste, estoy sin mí.
Ábrela, Marcelo, y vete.

Marcelo

Ya está abierta.

Conde
            ¡Ay, prendas mías,
penas vivas, muertas glorias,
como infelices memorias
de aquellos felices días!
   Salid, pues mi fe os empeño,
y tanto lugar os doy
de vengaros, que yo soy
el que maté a vuestro dueño.
   Salid, y servid de espadas
contra mí, pues venís juntas,
y vuestras agudas puntas
en mi memoria afiladas.
   Cualquiera de estos cabellos
el mismo Sol eclipsaba,
y cuando yo los cortaba
mil almas colgaban de ellos.
   Quedé entonces satisfecho
de mis celos y sospechas,
y agora sirven de flechas
que me atraviesan el pecho.
   Vos, sortija, estáis aquí,
testigo de que os tomé
cuando me dieron la fe
que yo sin culpa rompí.
   Corrida estaréis de estar
en las manos de un villano,
o en el dedo de una mano
que a un ángel pudo matar.
   Salid, papeles que habláis
para darme más tormento,
que a fe que no os lleve el viento
pues mis pesares lleváis.
   «Amigo del alma» —¡ay triste!—

¿que esto dijiste de mí?
«Para servirte nací.»
¿Qué leo?, ¿Que esto me escribiste?
  ¿Para quererme? ¡Ah, rigor
de los cielos soberanos!
Para morir a mis manos
hubieras dicho mejor.
  ¡Ah, traidor! Nunca merezca
el cielo, pues que maté
un ángel suyo.

Margarita   No sé
si me alegre o me entristezca.
  Hecha un mármol, hecha un hielo
callo y miro lo que siente.

Conde   ¡Que la tierra me sustente
y no me castigue el cielo!
  Venid, espejo, despojos
del rostro que retratastes
algunas veces que hurtastes
tan dulce oficio a mis ojos.
  ¡Cuántas pudiste encerrar
esta cara junto a aquélla,
ésta alegre, aquélla bella,
porque así suelen juntar,
  cuando Amor les da el consejo,
los que de Amor llevan palma,
como en dos cuerpos un alma,
dos caras en un espejo!
  Agora ya no veré
en tu Luna limpia y clara
los soles de aquella cara,
a quien yo la luz quité.

Margarita
      Sin pensarlo me he llegado,
pero está tan divertido
que no me verá.

Conde
      El sentido
o el alma se me ha turbado,
  o veo su rostro hermoso
en otro cuerpo. Es visión
¿o hace la imaginación
caso? Cielo poderoso,
  ¿que es de mi esposa?

Margarita
      Sin duda
que en el espejo me ha visto,
huir quiero.

Conde
      ¿Qué resisto?
¿Quién me ofende? ¿Quién me ayuda?
  Señora, no seas cruel,
niño soy...

Margarita
El alma dejo.

Conde
...que busca tras el espejo
lo que está mirando en él.
  ¿Su rostro no me mostrabas?
Sí, que yo le pude ver
en tu Luna. A ser mujer,
pensara que me engañabas.
  ¿No le vi, suelto el cabello,
y una piel sobre los hombros?
¡Qué de quimeras y asombros
me afligen! ¡Ay, ángel bello!

¿Dónde estás? Habrá sacado
la cabeza de mi pecho
y, como le vino estrecho,
le ha descompuesto el tocado.
   Pero la piel, ¿cúyo era?
En él se la habrá vestido,
que, como tan fiero ha sido,
le ha dado el traje de fiera.
   Sal, mi bien, si te has metido
en aposento tan triste.
Mas ¿quién duda, pues te fuiste,
que me has dejado y te has ido?
   ¿Que te has ido? Aunque te pesa,
te buscaré en cualquier parte.
Rabiando voy a buscarte.
¡Cielo, dame mi condesa!

Margarita   Voces da el conde, y yo voy
siguiendo mi desventura.
De este monte en la espesura
pienso que segura estoy.
   De aquí veré lo que pasa,
tras esta mata escondida.

Conde   Vuelve, condesa querida,
a este pecho que se abrasa.
   Mas yo te maté —¡ay de mí!—.
¿Cómo te busco y te lloro?
Mas ven, que tu sombra adoro,
si es tu sombra la que vi.

Margarita   ¡Ay, amigo!

Conde   ¡Fuente clara,

tus aguas quieren crecer
mis ojos; ya vuelvo a ver
en tu claridad su cara!
    Sin duda que es el traslado
de mi Margarita bella,
si no es que, pensando en ella,
en ella me he transformado.
    Pero, ¿cómo puede ser?

Margarita   Que me ve en la fuente creo.

Conde   Porque aquí dos caras veo,
dos caras debo tener;
    que en señal de ser traidor
el cielo me las envía,
y aun bien que añadió a la mía
ésta, que fue la mejor.
    Mas no fue sin ocasión,
porque viéndola tan bella,
querrá que miren en ella
si fue grande mi traición.
    Mas ¿no puede ser que aspira
a enviarme algún consuelo
Margarita, y desde el cielo
en esta fuente se mira?
    Mas yo, ¿no la miro aquí?
Lo más cierto es que sospecho
que entra y sale de mi pecho
por martirizarme ansí.
    Cuando tan cruel no fuera,
le rompiera yo en efeto
por saber este secreto.

Margarita   ¡Quien socorrerle pudiera!

¡Loco está!

Conde

Mas soy cruel,
tente, mano rigurosa,
que dirá mi dulce esposa
que quiero sacarla de él.
¿Qué haré? Que soy un abismo

Villano

Pues de sed vengo perdido
beberé.

Conde

Infame, atrevido,
sin duda que el rostro mismo
viste como yo, en la fuente,
y con tu vergüenza poca,
quieres llegarle a la boca.
Mataréte a coces.

Villano

Tente.
Bebía, no pienses tal.

Conde

Pues ofensa no me has hecho,
mírame si en este pecho,
que fue un tiempo de cristal...

Villano (Aparte.)

(Loco está.)

Conde

...si un rostro bello
verás.

Villano

¿De qué?

Conde

De mujer.

Villano   Sí, señor.

Conde   ¿Que puede ser?
                     ¿Y tiene suelto el cabello?

Villano   Sí, señor.

Conde   ¡Extraña prueba!
                     No son quimeras ni asombros.
                     ¿Qué lleva sobre los hombros?

Villano   Una albarda.

Conde   ¿Albarda lleva?
                      ¡Villano enemigo, infiel!
                     ¿No lleva una piel, traidor?

Villano   Tente, verélo mejor.

Conde   Mira bien.

Villano   Lleva una piel.

Conde   Ve mirando poco a poco.
                     ¿Qué ves?

Villano (Aparte.)   (Tu asadura veo.
                     Que está cerca mi fin creo,
                     que estoy en poder de un loco.)

Conde   ¿Qué, villano?

Villano   No veo nada.

Conde   ¿No ves a mi esposa?

Villano   Sí.

Conde   ¿Está descontenta, di?

Villano   Parece que está enojada.

Conde   ¿Podré verla yo?

Villano   ¿Pues no?

Conde   ¿Cómo, amigo? Dilo pues...

Villano   Volviéndote del revés
               la podrás ver como yo.

Conde   ¿Qué dices?

Villano   Que Dios me valga...

Conde   ¡Oh, el más vil de los villanos!

Villano   ...y ponga tiento en tus manos.

Conde   Mas ruégale tú que salga,
                  amigo.

Villano   ¿Podrá ser eso?

Conde   Sí, que denantes salía.
               Díselo.

Villano   Señora mía,

(Aparte.)   salí vos. (¡Hay tal suceso!)

Conde   ¿Qué dice?

Villano   Que te desea
en todo, señor, servir,
pero que no osa salir
por no parecerte fea.

Conde   ¿Fea un ángel?

Villano (Aparte.)   (Otros diez
quisiera de guarda.)

Conde   Muera
un desconocido.

Villano   Espera,
rogaréselo otra vez.
¡Ay, ay, Dios!

Conde   Calla.

Villano   ¿Que calle?
Estoy perdiendo mil vidas
de miedo.

Conde   Yo haré que midas
lo que hay desde el monte al valle.
Mataréte.

Villano   ¡Loco honrado!

Conde   ¿Qué cosa...

Villano   ¿Qué quiere hacer?

Conde   ...habrá segura, en poder
                 de un loco desesperado?

Elena   Pues al castillo llegué,
                 haré la seña.

Carlos   Perdone,
                 los límites que me pone
                 mi madre, esta vez pasé.

Elena   Pues por todo este horizonte
                 quien pueda verme no siento.

Carlos   No fue poco atrevimiento
                 dejar lo espeso del monte.

Elena   Mas, ¡ay Dios!, ¿qué llego a ver?
                 Ya llega, esperarle puedo,
                 que a este traje perdí el miedo
                 después que vi una mujer
                   con estos toscos despojos,
                 y los mejores merece.

Carlos   ¿Qué veo, qué se me ofrece
                 tan agradable a los ojos?
                   Allá me llego ¿Quién eres?

Elena   Una mujer. ¡Qué galán
                 salvajito!

Carlos   Y ¿así van

en el mundo las mujeres?

Elena   Así van.

Carlos   Por mi desgracia,
no las he visto.

Elena   ¿De veras?

Carlos   Heme criado entre fieras
en este monte.

Elena   ¡Qué gracia!

Carlos   ¡A fe que es cosa de ver!

Elena   ¿Agradan os?

Carlos   Sí, por Dios.
Y ¿todas son como vos?

Elena   Y más bellas,

Carlos   ¿Puede ser?
Decid.

Elena   Donaire infinito.

Carlos   ¿Qué es, que desde que os miré
voy sintiendo un no sé que
que me desmaya un poquito?
Tengo, entre ciertos antojos
que el alma no me declara,
un calorcillo en la cara

que entra y sale por los ojos.

Elena   A eso llaman afición,
o amor.

Carlos   ¿Eso es cierto?

Elena   Sí.
(Aparte.)   (Yo lo sé bien, iay de mí!)

Carlos   ¿Dónde está?

Elena   En el corazón
hace primero su asiento,
y luego al alma se pasa.

Carlos   Y ¿qué efetos hace?

Elena   Abrasa.

Carlos   ¿Abrasa? Abrasar me siento.
Amor tendré. Y vos habréis
probado de su rigor,
que, pues sabéis qué es amor,
sin duda que amor tenéis.

Elena   Por oídas lo sé yo.

Carlos   A ser eso no os asombre,
conoceréisle en el nombre,
pero por las señas no.
Mas decí, ¿no me diréis,
ya que a conocerlo vengo,
este pesar que yo tengo

de pensar que amor tenéis,
cómo le llaman?

Elena (Aparte.)   (¡Ah, cielos!
Corrida estoy.)

Carlos   ¿No os obligo?
Respondedme a lo que os digo.

Elena   A ese pesar llaman celos.

Carlos   ¡Celos! En mi pecho están.
¿Qué pena se les iguala?
Pues a una cosa tan mala,
¿nombre tan bueno le dan?
A los cielos se parece
en el nombre, pero en el rigor
al infierno.

Elena   Es un dolor
que con los remedios crece.

(Aparte.)   (¡Qué gran donaire ha tenido!)

Carlos   Pues ¿con qué haré resistencia
a este mal?

Elena   Con el ausencia.

Carlos   ¿Por qué?

Elena   Porque causa olvido.
Cuando la dama es ingrata,
se entiende.

Carlos

     ¡Gran desventura!
¿Y cierto la ausencia cura?

Elena

A lo menos cura, o mata.

Carlos

Otro remedio más llano
busco yo, a decir verdad.
Dame la mano.

Elena

     Tu edad
me obliga a darte la mano.

Carlos

¡Qué gusto siento!

Elena

¡Qué bien!

Carlos

Ya celos no me atormentan.
Y ¿con esto se contentan
los hombres que quieren bien?

Elena
(Aparte.)

     ¿Luego es esta gloria poca?
(Muerta de risa le escucho.)

Carlos

¿No la hay mayor?

Elena

     Cuando mucho,
pueden llegar a la boca.

Carlos

Gran gloria será. Pues yo
a llegarla me dispongo.
Y así en los ojos la pongo.
¿Será disparate?

Elena

     No.

Carlos   ¿Con qué pagarte podré
           el contento que me das?
           Y ¿puede llegar a más
           este gusto?

Elena   Bien, a fe,
             no puede, no haciendo injuria
           al honor.

Conde   ¡Mueran, villanos!
           ¡Ninguno vendrá a mis manos
           que se escape de mi furia,
             hasta que el rey y la infanta
           me paguen el mal que han hecho!

Carlos   Que viene loco sospecho.

Elena   Ya su locura me espanta.

Conde   He de arrojar estos dos
           de una peña, la más alta.

Carlos   El ánimo no me falta,
           fáltame la fuerza.

Elena   ¡Ay, Dios!

Carlos   Espera.

Elena   Señor, ¿qué hacéis?

Conde   De una peña he de arrojaros.
           Pero, si vuelvo a miraros,

no sé, amigos, qué os tenéis,
  que tanto os siento apegar
al pecho, al alma y al ser,
que ya no podéis caer
aunque yo os quisiera arrojar.
  ¿Qué me hicistéis? ¿Qué tenéis,
que si os miro y me miráis
mi locura reportáis
y mi pecho enternecéis?

Carlos   Suéltanos.

Conde   ¿Huyes? Espera.

Elena   Huye tú también.

Carlos   No quiero,
que un honrado caballero
no puede huir aunque muera.
  Mi madre lo dice ansí
y así lo pienso yo hacer.

Conde   ¿Qué me queda ya por ver,
pues todos huyen de mí?
  ¡Qué mucho, si estoy envuelto
entre sombras! Cosa es clara.
Siempre miro aquella cara
con aquel cabello suelto.
  Tras mí la llevo, y no vale
decirle la pena mía,
que por los pechos salía
y por las espaldas sale.
  Venganza pide, eso es.
Hoy he de ser un abismo

por vengarla, y de mí mismo
se la pienso dar después.

Carlos   Algún dolor le condena.

Conde   ¡Ay de ti, conde, que viste
tu esposa en figura triste
y no te acaba la pena!

Elena   ¿Fuése ya?

Carlos   ¿Que me has dejado?
¿Que huír sabes?

Elena   Escondida
estaba allí, y de tu vida,
a fe, con grande cuidado.
¿Vuelve a venir?

Carlos   Que no viene.
¿Conocístele?

Elena   ¡Ay de mí!
Con el miedo ni le vi
ni sé que cara se tiene.
¿Qué es esto?

Carlos   No hayas temor.

¡Mi padre!

Hortensio   Buscando os voy
con harta pena.

Carlos   Aquí estoy.

Hortensio   Y allá estuvierais mejor
                      que no acá.

Carlos   No puede ser.

Hortensio   Vamos, que pena tendrá
                      vuestra madre.

Elena (Aparte.)   (Éste será
                      hijo de aquella mujer.)

Carlos   ¿Que te tengo de dejar?

Elena (Aparte.)   (Con razón me maravilla.)

Hortensio   ¿Agrádaos la pastorcilla?

Carlos   ¿No es ella para agradar?

Hortensio   ¿Mujeres quieres?

Carlos   ¿No quieres,
                      si no las vi, que las quiera?

Hortensio   Solo la vista primera
                      tienen buena las mujeres.
                        Y el que bien las reconoce,
                      que huye de ellas verás;
                      por eso las quiere más
                      el que menos las conoce.
                        Adiós, pastorcilla.

Carlos   Adiós.

Elena   Vaya con vos y contigo.

Carlos   Bien es que vaya conmigo
                  si el alma queda con vos.

Elena   Gracioso donaire y brío.
                  Amor a tenerle vengo
                  diferente del que tengo
                  a mi príncipe y mi tío.
                     Llegarme quiero a la torre.
                  Ce, ce, ce.

Príncipe   La seña siento
                  de la que en este momento
                  me consuela y me socorre.
                     ¿Cómo, Elena, te has tardado?

Elena   Como el camino he perdido,
                  he tardado y he venido
                  con harta pena y cuidado.

Príncipe   Siempre mis desdichas lloro
                  los ratos que no te veo.

Elena   Pagas con esto el deseo
                  con que te sirvo y adoro.

Príncipe   ¡Cuándo llegará aquel día
                  que dé la vuelta a su rueda
                  la Fortuna, y que yo pueda
                  hacerte reina de Hungría!

Elena
> Por dichosa es bien me cuente,
> pues reino en tu corazón.

Príncipe
> Del alma la posesión
> será tuya eternamente.
>   De la corte, ¿qué sabemos?

Elena
> Que el rey a caza ha salido.

Príncipe
> Mitigue el cielo ofendido
> el rigor de sus extremos.
>   ¿Y tu padre?

Elena
>   Descontento
> vive, a su pesar casado,
> y aun dicen que le ha dejado
> sin sentido el sentimiento.

Príncipe
>   Así por su culpa está.
> Espera... De una hacanea
> allí una mujer se apea.
> Retírate... ¿Quién será?

Elena
>   Detrás de aquellas paredes
> me esconderé.

Infanta
>   Cosa es clara
> que solo de ti fiara
> ese secreto.

Criado
>   Bien puedes.

Príncipe
>   ¿Qué veo?

Infanta   ¡Príncipe!

Príncipe   ¡Infanta!

Elena (Aparte.)   (La infanta es ésta. ¿A qué viene?)

Infanta   Ya sé que absorto te tiene
                     mi venida.

Príncipe   Y aun me espanta,
                     pues eres causa cruel
                     del trabajo que yo tengo.

Infanta   No te espantes que no vengo
                     sino a verte.

Príncipe   A verme en él.

Infanta   ¿Sientes mucho la prisión?

Príncipe (Aparte.)   (Siempre tus engaños temo.)
                     Siéntola con grande extremo.

Infanta   ¡Qué lástima!

Príncipe (Aparte.)   (¡Qué traición!)

Infanta   Y di, de mi amor pasado,
                     ¿quédate alguna centella?

Príncipe (Aparte.)   (Ya te entiendo, infanta bella.)
                     Y aun todo el fuego ha quedado.
(Aparte.)   (Fingir quiero.)

Elena (Aparte.)   (El mío crece
                         con los celos que me das.)

Príncipe   Los hombres queremos más
                         a quien más nos aborrece.
                          Por eso te quiero yo.

Infanta   Bien comienza.

Elena (Aparte.)   (¿Que esto diga?)

Infanta   Mucho tu firmeza obliga.
                         ¿Y eso es sin duda?

Príncipe   ¿Pues no?
                          Pero ¿tú estarás, señora,
                         con tu esposo?

Elena (Aparte.)   (Estos son celos.)

Infanta   Aborrézcanme los cielos
                         si no le aborrezco agora.
                          Y para que sepas cómo
                         conmigo el villano está,
                         nunca la mano me da
                         y rabia si se la tomo,
                          cuando le miro, le pesa,
                         si le hablo, está elevado,
                         rejalgar come a mi lado
                         cuando se sienta a mi mesa.
                          Nunca es mío, aunque es verdad
                         que mi marido se llama;
                         que en la mitad de mi cama
                         sobra siempre la mitad.

                    Las muertas prendas adora
                    de su esposa. ¿Con qué gusto,
                    le puedo querer?

Príncipe   Ni es justo.
(Aparte.)   ¡Qué gran lástima! (¡Ah, traidora!)
                    Si yo tan dichoso fuera
                    que a ser tu esposo llegara,
                    ¡qué de glorias alcanzara!,
                    ¡qué de regalos te hiciera!
(Aparte.)   (Quizá por este camino
                    me dan libertad los cielos.)

Elena (Aparte.)   (¿Esto escucho? ¡Esto son celos!)

Infanta (Aparte.)   (Bien mi negocio encamino.)
                      Si agora pudiera darte
                    la mano que no te di...

Príncipe   ¿Hiciéraslo agora?

Infanta   Sí,
                    y más claro quiero hablarte.
                      Si yo libertad te doy,
                    y tú palabra me das
                    de ser mi esposo, ¿darás
                    muerte al conde?

Príncipe   Tuyo soy,
                      y paso por el concierto.

Infanta   Mi gusto en tu mano está.

Príncipe   Dos esposos tienes ya,

uno vivo y otro muerto.

Infanta

    Pues éntrate y te daré
libertad, pues para ello
traigo prevenido el sello
de mi padre, a quien le hurté.
    Voyme. Adiós.

Príncipe

    Extraño caso.
Si yo a verme libre llego,
tú verás...

Elena (Aparte.)

    (Ya es otro el fuego
en que me quemo y me abraso.
    ¿A mi padre...?)

Infanta

    Ve al castillo,
y con estas señas di
al alcaide que...

Elena (Aparte.)

    (¡Ay de mí!)

Criado

Voy a servirte y decillo.

Elena (Aparte.)

    (¿Este galardón merece,
Príncipe, quien te ha servido?)

Infanta (Aparte.)

(Desdichado del marido
que su mujer le aborrece.
    El mío merece bien
que yo le traté tan mal,
y si este otro sale tal,
pienso matarle también.
    Con acero o con veneno

cuantos tome he de matar,
si no muero, hasta topar
uno que me salga bueno;
  que, entre tantos, habrá alguno,
si no es que los cielos santos,
con haber criado tantos,
no hicieron bueno ninguno.)

Príncipe   Ya, infanta, vengo a servirte.

Infanta   Yo te llevaré al lugar
donde le puedas matar.
Tú, Fabricio, puedes irte,
  pues ya tengo compañía.

Príncipe (Aparte.)   (Esto a la mujer le aplace
muchos enemigos hace,
y luego de ellos se fía.)

Infanta   Vamos.

Príncipe   Guía.

Elena (Aparte.)   (¿Viose tal
traición, y tales consejos?
Seguirélos desde lejos
para ver de cerca mi mal.)

Rey   ¡Mal haya la caza, y yo,
pues que me he perdido en ella!
Mujer, o sombra de aquélla,
o quítame el miedo, o no
  me persigas. Yo he perdido
con los años, y el temor,

la espada.

Margarita   Falso, traidor,
ya todo el cielo ofendido
  pienso que quiere que sea
instrumento de tu muerte.

Infanta   El rey es.

Príncipe (Aparte.)   (¡Qué buena suerte
en mi venganza se emplea!)

Infanta   Jesús, cielos soberanos!

Margarita   ¿Qué veo?

Príncipe   En tu pecho infiel
me he de vengar.

Margarita   Ya, cruel,
te trujo el cielo a mis manos.

Príncipe   Hoy tus hazañas tiranas
he de ver

Elena   Tente, señor,
ten respeto, por mi amor,
a estas venerables canas.

Infanta   Sombra, mujer, o lo que eres

Margarita   Matarte tengo, enemiga.

Carlos   Pues, ¿una mujer castiga

de esa suerte a las mujeres?
¿No te mueve el corazón?

Elena   ¿Qué serás tan inhumano?

Príncipe   Déjame, Elena, la mano.

Margarita   Carlicos, suelta el bastón.

Hortensio   No quiso esperarme un poco
               el rapaz.

Conde   ¡Morid de miedo!

Villano 1   Huye Ansiso.

Villano 2   Di si puedo.
               ¡Válame Dios! ¡Guarda el loco!

Conde   Yo he de hacer mortal estrago.

Hortensio   ¿Qué veo? Estoy sin acuerdo.

Conde   Que solo parezco cuerdo
               en las locuras que hago.

Hortensio   ¿Qué haces? Tente, señor,
               tu Margarita está aquí.

Príncipe   ¿Mi prima?

Conde   ¿Mi esposa?

Hortensio   Sí.

Elena	¿Mi madre?

Margarita	Cese el rigor. ¡Esposo!

Conde	¿Qué estoy mirando?

Rey	Grave mal.

Infanta	Dolor terrible.

Conde	¡Mi bien!

Infanta	¿Aquesto es posible?

Hortensio
Todos se miran callando.
  Pues tan confusos os veo,
quiero deciros la causa,
pero el saberla, ¿qué hará,
si el no saberla os espanta?
El día que el conde Alarcos
le dio la mano y el alma
a Margarita, quedando
de esto ofendida la infanta,
me mandó a mí que matase
su hijo, a quien yo guardaba,
y su corazón trujese
envuelto en su sangre hidalga.
Yo, lastimado de ver
lo que a las fieras entrañas
de osos, tigres y leones
es cierto que lastimara,
el corazón de un cordero

y su sangre limpia y clara
fue lo que truje a la mesa,
y que alborotó la casa.
Después, temiendo el rigor
de la que dejé engañada,
busqué en el monte una cueva
donde, lleno de esperanzas,
crié con cuidado el niño
con la leche de una cabra,
y al cabo de un año, un día,
dos horas depués del alba,
en la boca de mi cueva,
escondido entre unas zarzas,
vi que el conde a la condesa,
muerto de pena, mataba.
Quisiera estorbar su muerte,
mas fue imposible estorbarla,
porque vi que entre las peñas
criados del conde estaban.
Temí el morir, no por miedo,
mas porque, sin mí, quedaba
en las manos de la muerte
mi niño, mi prenda cara.
Al fin, como loco, el conde,
con un lazo a la garganta
dejó a su mujer y fuese
dando voces; yo, que estaba
esperando esta ocasión,
quise salir a gozarla.
El cuerpo, casi difunto,
llevé en estos hombros, carga
que el mismo Atlante pudiera,
si fuera vivo, envidiarla.
Así la llevé a mi cueva,

aunque con poca esperanza
de vida. Mas quiso el cielo,
dándole esfuerzo, ampararla.
En sí volvió poco a poco,
díjome: «Señor, acaba,
haz lo que te manda el rey,
pues que le importa a la Infanta»,
pensando que fuese el conde.
Y viendo que se engañaba,
agradeció aquel servicio.
Mostréle, por consolarla,
su hijo. Contéle el caso,
alegró un poco la cara,
cuidando todo este tiempo
de su regalo y crianza.
Ésta es, conde, tu mujer,
y éste es tu hijo, sin falta.
Si culpa en esto he tenido,
infanta, rey, castigadla.

Infanta   Ya conozco yo que el cielo,
                     pues me castiga, me ampara.
                     Padre, mi culpa confieso,
                     de la tuya injusta causa.

Rey   El tierno amor de una hija
                     a cualquier padre engañara.

Infanta   Doncella estoy, porque el conde
                     no llegó a mí, y en la cama
                     todas las noches ponía
                     entre los dos una espada.
                     Dos casamientos ha hecho;
                     el que fue más justo valga,

y, pues dio vida a su esposa
el cielo, désela larga,
que yo, si me das licencia,
pues todo me aflije y cansa,
metida en un monasterio
miraré por la del alma.
Herede el reino este niño,
pues es de tu sangre y casa;
que yo le renuncio en él.

Rey   Como tú gustas se haga.

Conde   Pierda el príncipe su enojo,
pues cobro el seso y el alma.

Rey   Yo, porque le pierda, quiero
ponerle gente en campaña
bastante, porque en ella
cobre el reino que le falta.

Príncipe   Yo, señor, tus manos beso,
porque respeto tus canas.

Carlos   Hortensio, ¿yo he de ser Rey,
y vos sois mi padre?

Hortensio   Basta
besarte, señor, las manos,
cuando esotro no bastara.

Margarita   Dale la mano a tu hijo.

Conde   Y parte de mis entrañas.

Carlos

Dame las dos, padre mío.

Conde

Dichoso el cielo te haga.

Elena

Pues a mí, de ese contento,
alguna parte me alcanza.

Príncipe

Vuestra hija es ésta, conde.

Conde

A los tres, mis prendas caras,
la mesma ocasión os diga
si me da gusto el gozarla.

Margarita

Muda me tiene el contento.

Elena

¿Hermano?

Carlos

Querida hermana.

Conde

Besemos todos las manos
a nuestro rey y a la infanta.

Rey

Bendígaos el cielo a todos.

Infanta

A todos os dé su gracia.

Príncipe

Yo tomaré por esposa
a Elena.

Conde

¡Suerte extremada!

Margarita

Dichosa hija tenemos,
pues mi primo quiere honrarla.

Príncipe   De esposo te doy la mano.

Elena   Y yo logro mi esperanza.

Conde   Y aquí, senado, la historia
                del conde Alarcos se acaba.

                Fin

Libros a la carta

A la carta es un servicio especializado para
empresas,
librerías,
bibliotecas,
editoriales
y centros de enseñanza;
y permite confeccionar libros que, por su formato y concepción, sirven a los
propósitos más específicos de estas instituciones.

Las empresas nos encargan ediciones personalizadas para marketing editorial o para regalos institucionales. Y los interesados solicitan, a título personal, ediciones antiguas, o no disponibles en el mercado; y las acompañan con notas y comentarios críticos.

Las ediciones tienen como apoyo un libro de estilo con todo tipo de referencias sobre los criterios de tratamiento tipográfico aplicados a nuestros libros que puede ser consultado en Linkgua-ediciones.com.

Linkgua edita por encargo diferentes versiones de una misma obra con distintos tratamientos ortotipográficos (actualizaciones de carácter divulgativo de un clásico, o versiones estrictamente fieles a la edición original de referencia).

Este servicio de ediciones a la carta le permitirá, si usted se dedica a la enseñanza, tener una forma de hacer pública su interpretación de un texto y, sobre una versión digitalizada «base», usted podrá introducir interpretaciones del texto fuente. Es un tópico que los profesores denuncien en clase los desmanes de una edición, o vayan comentando errores de interpretación de un texto y esta es una solución útil a esa necesidad del mundo académico.

Asimismo publicamos de manera sistemática, en un mismo catálogo, tesis doctorales y actas de congresos académicos, que son distribuidas a través de nuestra Web.

El servicio de «libros a la carta» funciona de dos formas.

1. Tenemos un fondo de libros digitalizados que usted puede personalizar en tiradas de al menos cinco ejemplares. Estas personalizaciones pueden ser de todo tipo: añadir notas de clase para uso de un grupo de estudiantes,

introducir logos corporativos para uso con fines de marketing empresarial, etc. etc.

2. Buscamos libros descatalogados de otras editoriales y los reeditamos en tiradas cortas a petición de un cliente.